구글의 72시간

| 72 hours at Google |

구글의 72시간

동일본 대지진에
세계 최강 IT 기업은
어떻게 대응했나

72 hours at Google

하야시 노부유키 · 야마지 다쓰야 지음 | 홍성민 옮김

이 책은 '구글 재해 대응(www.google.org/crisisresponse/kiroku311/)'에 게재되었던 〈동일본 대지진 재해와 정보, 인터넷, 구글(東日本大震災と情報.インターネット. Google)〉을 재구성하고, 내용을 더하여 책으로 정리한 것입니다.

2011년 3월 11일 14시 46분, 동일본 대지진(동일본이란 일본을 크게 나눌 때 사용되는 말로, 일본을 양분했을 때 동쪽에 해당되는 부분을 가리킨다. 동일본 대지진은 도호쿠〈東北〉 지방 태평양해역에서 발생한 지진이다. 이 지진으로 인해 약 1만 5천 명이 사망했다 – 옮긴이)이 발생했다. 이것은 이후 일본의 운명을 크게 바꿔버린, 지금까지 한 번도 겪어보지 못한 그야말로 엄청난 재해였다.

지진이 발생했을 때 많은 기업들이 재해 대응(Crisis Response)을 시작했는데, 그중에서도 가장 눈에 띈 것은 IT 기업의 활약이었다. 휴대전화와 컴퓨터를 사용할 수 있는 환경에서는 트위터(Twitter)로 정보 교환이 빈번히 이루어졌고 구글(Google)과 야후 재팬(Yahoo! JAPAN)은 발 빠르게 재해 관련 서비스를 개발해 공개했다.

이 책의 1장과 2장은 구글의 활약에 초점을 맞춰 재해 대응 서비스가 어떻게 만들어졌고 이용되었는지(혹은 이용되지 못했는지)에 대해 소개한다. 책 제목에도 나와 있는 '72시간'은 재해 발생으로부터 72시간을 경계로 중상자의 생존율이 크게 낮아지는 경험치를 토대로 한 것으로, 재해 대응의 골든타임이자 초기대응의 중요성과 긴박감을 나타낸다.

IT 서비스를 제공하는 구글은 직접 사람을 구하지는 않는다. 하지만 '위급한 재해 상황에서 사람들에게 꼭 필요한 정보를 신속하게 전달할 수 있다면 결과적으로 사람을 구하게 될지도 모른다.' 구글 직원들은 이러한 생각으로 팔을 걷어붙였다.

구글의 활동은 72시간으로 끝나지 않았다. 3월 말까지 재해와 관련된 30건이 넘는 새로운 서비스를 만들었고, 그 후에도 복구지원 관련 서비스 개발과 새로운 재해에 대비하기 위한 시스템 개발을 계속하고 있다.

구글은 무엇을 위해 재해 대응에 나선 것일까. 누구도 예측하지 못한 갑작스런 재해에 어떻게 이 정도로 신속히 대응할 수 있었을까. 수십 명의 구글 직원을 직접 취재하면서 알게 된 구글이라는 기업의 특성을 3장에 정리했다.

마지막 4장은 우리가 취재를 통해 깨달은 점이다. 지진이 발생했을 때 정보기술이 어떤 분야에 도움이 되고, 어떤 곳에서는 전혀 기능하지 못했을까. 평소와 다른 특별한 상황에서 어떤 생각과 방법이 도움이 되었는가. 우리가 보완할 수 있는 것은 무엇인가.

재해는 반드시 다시 일어난다. 그때 동일본 대지진에서의 경험을 토대로 우리는 어떻게 맞서야 할지 고민해 보고, 이 책을 통해 도움을 얻기를 바란다.

지금부터 2011년 3월 11일로 시간을 되돌려 보자.

차례

1장 3·11 동일본 대지진 때 구글은 무엇을 했나 ○

재해 대응이 시작되다 **16**
- 정오까지는 평범한 금요일이었다 — 16
- 지진 발생 직후는 연락과 정보수집 — 18
- '재해 대응'에 시동을 걸다 — 20
- 움직일 수 있는 직원들이 일제히 재해지원 서비스를 개발하기 시작했다 — 22
- 독자적인 정보제공보다 연계한 정보제공이 중요하다 — 24
- 텔레비전 방송국과 인터넷의 협력도 이루어졌다 — 26
- 개인부터 구조대까지 널리 활용된 최신 지리 정보 — 26
- 접속이 몰리는 공공기관 서버를 후방지원하다 — 27
- 많은 소규모 연계로 폭넓은 정보요구에 응하다 — 28
- 재해 대응의 새로운 단계 — 29
- 피해자의 회상과 지진 재해 기록을 미래에 남기기 위한 플랫폼 — 30

2장 재해 대응 서비스가 생겨나기까지 ○

퍼슨 파인더 가동 **34**
- 퍼슨 파인더, 5번째 가동 — 34
- 미국과 일본의 엔지니어 간 협력으로 신속하게 버전 업 — 37
- 대피소의 명단을 촬영해 인터넷에 공유하다 — 40

5,000명의 자원봉사자가 퍼슨 파인더를 지원했다 **43**
- 명단 사진에서 이름을 확인해 자료를 직접 입력하다 — 43
- 텍스트화 작업을 외부 자원봉사자에게 의뢰하다 — 46
- 데이터 등록 과정이 자발적으로 만들어졌다 — 47
- 플랫폼을 제공하면서 사람들이 이어진다 — 52

대형 미디어와 경찰과도 연계해 67만 건의 데이터 등록   55
* NHK가 모은 안부 정보를 퍼슨 파인더에 포함시켰다   — 55
* 휴대전화 회사의 재해용 전언판과 연계하다   — 57
* 신문사와 경찰청, 지자체에서도 자료 제공이 이어졌다   — 59
* 평상시 파트너십의 중요성   — 60

TV와 인터넷의 융합   63
* 일본 전국이 TV 뉴스에 집중했다   — 63
* 중학생의 용기 있는 행동이 모든 것의 시작이었다   — 65
* 유튜브도 TBS 뉴스를 송신하다   — 66
* 발 빠른 법적 판단으로 인터넷 송신을 추진하다   — 68
* 시차와 기술 문제를 극복하고 송신을 시작하다   — 69
* 최초의 TV 뉴스 인터넷 송신을 통해 우리는 무엇을 배워야 할까   — 71

진화한 지도가 지원의 길을 열어준다   74
* 통행 가능한 길을 알 수 있는 '통행실적 정보'는 주에쓰오키 지진 때 만들어졌다 — 74
* 혼다가 독자적으로 제공한 정보를 하루 만에 구글 서비스로 제공하다   — 76
* 휴대전화와 ITS에도 대응하다   — 79
* 해외 구조대에 오프라인판 구글 어스를 제공하다   — 83

피해현장의 위성사진을 전달하다   85
* 위성사진에 기록된 센다이 공항의 복구   — 85
* '지오아이'와 연계해 위성사진을 준비하다   — 87
* 구글 어스로 최신 상황을 전달하다   — 89
* 구글 맵의 마이 맵에서 위성사진을 불러내다   — 91

정밀한 항공사진을 입수하다   94
* 항공사진으로 피해현장의 상황을 보다 자세히 파악하다   — 94
* 국가나 민간기업에 의존하지 않고 독자적으로 촬영하다   — 95
* 27일 첫 비행 후, 연속해서 복구 경과를 기록하다   — 98
* |칼럼| 국토지리원의 '구니카제'가 촬영한 데이터   — 101

자원봉사자와의 공동작업으로 만들어낸 생활지원 사이트   102
* 휴대전화 사용자에게 유용한 정보를 제공하다   — 102

- 개인 사이트를 구글 서버를 사용해 공개하다 — 104
- 앱 엔진을 사용해 사이트의 기능을 업데이트하다 — 106
- 제공된 방대한 정보를 사내 자원봉사자가 정리하다 — 107
- 서비스 개발에서 우선사항은 무엇인가 — 110

피해현장에서의 요구를 조사하다 **112**
- 직접 피해현장에 가보지 않으면 알 수 없다 — 112
- 정상 운영을 알리고 싶은 도호쿠의 기업들 — 114
- 300곳 이상의 대피소에 5만 명이 피난한 이시마키 — 116
- 비즈니스 지원과 아카이브에 초점을 맞추다 — 119

피해현장의 비즈니스를 정보 서비스로 지원하다 **121**
- 피해현장의 기업 정보를 검색할 수 있는 '비즈니스 파인더' — 121
- 신문기자가 비디오카메라로 상점 주인을 촬영하다 — 123
- 스트리트 뷰로 상점가를 지원하다 — 125
- 단순한 지원이 아니라 경제를 활성화하는 시스템을 IT로 만들다 — 126

재해를 디지털로 기록하다 **128**
- 잃어버린 기억이 웹에서 되살아나다 — 128
- 지진 피해를 기록하는 '디지털 아카이브' — 130
- 피해 건물의 자취를 디지털로 남기다 — 132

야후 재팬의 분투 **135**
- 2004년에 시작된 야후 재팬의 재해 대응 — 135
- 지진 재해 직후 '라이프 엔진'이 힘차게 돌기 시작했다 — 137
- 전임 스태프 70명으로 24시간 체제를 구축하다 — 139
- 계획정전 정보를 가장 보기 쉽고 알기 쉽게 전달하다 — 142
- 그래프를 측정해 전력사용 상황을 보기 쉽게 제공하다 — 144
- 독자적인 방법으로 전기 예보를 시작하다 — 145
- 사장의 현명한 결단으로 진행된 공공기관 사이트 캐시 — 146
- 피해현장에 사람, 물자, 돈을 보내다 — 148
- 여러 부서가 재해 대응 아이디어를 제안하다 — 149

재해 대응 시스템   154
• 직원의 주체성을 존중하는 문화   — 154
• 회사의 이해가 자발적인 재해 대응을 가능하게 한다   — 157
• 수장의 역할   — 158
• 필요에 따라 주위 협력을 얻을 수 있는 유연한 워크 스타일   — 161
• 재해 대응에 한해 승인 과정도 신속화   — 163
• 후방지원에 철저한 미국 본사팀   — 164
• 재해 때마다 배우고 진화하는 재해 대응   — 166

구글식 프로젝트 진행법   168
• 공개되지 않은 재해 대응도 많았다   — 168
• 엘리스의 리스트   — 169
• 우선도 기준1: 중요성   — 171
• 우선도 기준2: 음미할 수 있는 정보인가   — 172
• 우선도 기준3: 이미 다른 회사에서 하고 있지 않을까   — 173
• 우선도 기준4: 지속가능성   — 174
• 우선도가 낮다 = 프로젝트의 끝이 아니다   — 175

재해 대응 서비스 홍보   179
• 마케팅과 홍보 담당자도 재해 대응에 참가하다   — 179
• 재해 대응 광고를 방송하다   — 180
• 홍보부는 미디어 대응과 사내의 중개역할에 분주   — 182

직원들에게 힘이 되어준 파스타 저녁 식사   184
• 식사야말로 이노베이션을 만들어내는 원동력   — 184
• 지진 발생 당일, 직원을 안심시킨 저녁 식사   — 186
• 직원의 출근상태를 파악해 카페테리아를 효율적으로 운영하다   — 188
• 음식은 모든 것의 인프라   — 190

4장 지진 재해로 배운 IT의 미래 과제

피해현장에서 IT는 도움이 되었을까 **192**
- 피해현장에서는 지명도가 낮았던 재해 대응 — 192
- 지역에 따라 피해상황은 천차만별 — 194
- 한 대피소의 통신상황 — 195
- 유익했던 라디오 정보 — 197
- 밖에서 피해현장을 지원하는 데 도움이 된 인터넷 — 198
- 서비스를 어떻게 전달하느냐가 큰 도전 과제 — 200

정보에 대한 접근과 이용성의 격차를 극복하다 **202**
- 재해 시 심각해질 수 있는 디지털 디바이드 — 202
- 퍼슨 파인더를 대리등록하는 자원봉사 — 203
- 대피소에서 필요한 것은 IT기술만이 아니다 — 209

기계 가독성의 중요성 **211**
- 일본의 정보화는 얼마나 발전했을까 — 211
- 정보가 뒤얽힌 도쿄전력의 계획정전 — 212
- 인간을 대상으로 만들어진 데이터는 기계로 자동처리하기 어렵다 — 214
- 그래프 데이터도 공개하는 것으로 활용 폭을 넓히다 — 216
- 활용하기 쉬운 데이터를 공개하기 위해 — 218

인터넷으로 가능해진 원격 자원봉사 **219**
- 호주에서 동일본 대지진 소식을 알다 — 219
- 일본 국내 스태프와 협력하여 의료비품을 피해현장에 보내다 — 221
- 1만 통의 메일이 사람의 선의를 잇다 — 223
- 새로운 형태의 자원봉사가 생겨나다 — 225

긴급 상황 시 소통의 어려움 **227**
- 트위터는 동일본 대지진의 최대 소통 도구 — 227
- 선의로 발신한 정보가 반대의 결과를 초래하는 경우도 있다 — 229
- 유언비어가 발생하는 과정 — 232

- 정보의 신뢰성을 확인하는 것이 중요하다 —— 234
- 가장 좋은 유언비어 대책은 신뢰할 수 있는 발신지에 대한 정확한 정보 —— 236

오픈데이터가 만들어내는 가능성 238
- 재해 시의 자료를 공개해 새로운 서비스 개발과 연구에 활용하다 —— 238
- 50건 이상의 프로젝트가 만들어진 '동일본 대지진 빅 데이터 워크숍' —— 239
- 다양한 데이터를 연결함으로써 새로운 대책이 보인다 —— 243

지진 재해의 교훈을 미래에 전한다 244
- 평소에도 IT에 익숙해지자 —— 244
- 조작 방법의 암기보다는 응용하는 힘이 중요하다 —— 246
- 자신이 잘하는 것에 초점을 맞추고 나머지는 다른 사람에게 맡긴다 —— 247
- 정부와 공공기관은 정보수집에만 전념해야 할까 —— 249
- 하나의 매스미디어가 모든 사람을 구할 수는 없다 —— 251

72 hours at Google

1장

동일본 대지진 때
구글은 무엇을 했나

재해 대응이 시작되다

2011년 3월 11일 지진이 발생한 순간, 구글 일본 지사에는 재해 대응팀이 없는 상태였다. 그런데도 몇 시간 후 재해 관련 최초 서비스가 시작되었고 주말 동안에도 연이어 몇 개의 서비스가 본격적으로 가동되었다.

정오까지는 평범한 금요일이었다

———— 2011년 3월 11일, 구글의 직원들은 여느 때와 다름없는 평범한 금요일을 보내고 있었다. 적어도 첫 흔들림이 시작되기 전까지는 그랬다. 대다수의 직원들은 도쿄 롯폰기 힐스에 있는 도쿄 지사 사무실에서 평소처럼 작업을 하고 있었다. 집에서 일하는 것이 효율적인 사람은 재택근무를 하고 있었고, 거래처와 영업 중인 직원, 강

연과 워크숍으로 외근 중인 직원, 해외 출장 중인 직원도 있었다. 마케팅팀은 다음 주부터 시작되는 새 광고 제작의 마무리 작업에 한창이었는데 그것 역시 구글의 일상적인 풍경이었다.

14시 26분, 일본 산리쿠(三陸) 연안 태평양 앞바다에서 도호쿠(東北) 지방 태평양해역 지진이 발생했다. 이 지진은 일본 관측사상 최대 규모인 9.0으로, 미야기현(宮城県)의 구리하라시(栗原市)에 최대 진도 7의 피해를 초래했다(지진의 규모는 'M'으로 표시되는데 이것은 'Magnitude'의 약자로 지진 자체의 크기를 측정하는 단위이다. 'Seismic intensity'인 진도는 특정 장소에서 감지되는 진동의 세기(DL)이다. 하나의 지진은 규모는 같으나 진도는 장소에 따라 달라질 수 있다 ― 옮긴이).

도쿄는 진원지로부터 약 400km 떨어졌지만 몇 분 지나지 않아 지진이 도달했다. 진도 5약(일본 기상청은 진도를 진도 0, 진도 1, 진도 2, 진도 3, 진도 4, 진도 5약(弱), 진도 5강(强), 진도 6약(弱), 진도 6강(强), 진도 7의 총 10단계로 나눈다. 우리나라는 기상청 홈페이지(www.kma.go.kr) 참고 ― 옮긴이)의 흔들림이 관측되었다. 그로부터 수십 분 후, 도호쿠 지방의 해안지역을 중심으로 이제껏 경험하지 못한 강력한 지진·해일(쓰나미)이 몰아닥쳤다. 이것이 동일본 대지진이다. 그 순간부터 일본은 전혀 다른 운명을 맞이하게 되었다.

대부분의 구글 직원은 롯폰기 힐스의 사내에서 큰 흔들림을 느꼈는데 같은 지역에 있어도 사외 카페에서 미팅 중이던 직원은 피난명령을 받고 건물 밖으로 대피해 한동안 사무실로 돌아오지 못했다. 나리타공항으로 귀국할 예정이던 한 직원은 지진으로 인해 타고 있던 비행기가 한동안 상공을 선회하다 일단 공항에 착륙하긴 했지만 많은 시간을 대기한 끝에 다시 이륙해서 이시카와현(石川県)의 고마쓰(小松)공항으로 이동해야만 했다.

건물로써는 새롭게 최신 내진 기술이 도입된 롯폰기 힐스에서는 상층에서도 지진 충격이 적어 마치 배를 탄 것처럼 큰 폭으로 움직였지만 매우 천천히 흔들렸기 때문에 지진을 감지하면서도 작업을 계속하는 직원이 많았다.

그러나 흔들림이 그치지 않고 오래 지속되었기 때문에 지진의 규모가 얼마나 큰지 짐작할 수 있었다. 웹 마스터들이 모이는 지역에서는 맞은편에 위치한 주택동에서 좌우로 크게 흔들리는 고층건물 외벽청소용 곤돌라가 보였다. 이때 계단으로 대피하는 사람들도 있었지만 회사에 남아 연락과 정보 수집을 한 직원들도 많았다. 또, 당황하는 사람도 있었고 태연한 척 마실 것을 사러 가는 사람도 있었다.

이렇게 지진에 대한 내성과 반응은 사람마다 달랐지만 모두 이 지진이 심상치 않다는 인식을 하고 있었다.

지진 발생 직후는 연락과 정보수집

——— 각자 처한 상황은 달랐지만 흔들림이 일단락되자 약속이라도 한 듯 모두 똑같이 행동했다. 그것은 연락을 취하고 상황을 확인하는 것이었다.

사내에 있던 사람들은 전화와 휴대전화로 가족과 지인의 안부를 확인했다(동일본 대지진에서는 통화량 폭주로 전화가 불통인 경우가 많았다고 하는데, 지진 발생 직후 특히 유선전화 회선은 비교적 문제가 없었던 것 같다). 사외에 있던 사람들은 회사에도 연락을 취했다. 구글 직원들은 평소에도 업무를 할 때 메일이나 '구글 톡(Google Talk)'으로 연락을 했다. 그래서 외출 중에 휴대전화만 소지했던 직원들도 비교적 문제없이 연락이 닿았다. 이런 도구에는 국경이 없다. 그렇게 해서 지진 소식은 곧 해외에 있던 구글 직원들에게도 전해졌다.

외출 중인 직원들이 현지에서 회사로 복귀할지 귀가할지 여부는 각자의 판단에 맡겼다. 원래 컴퓨터가 있고 인터넷이 가능하면 집에서든 사무실에서든 거의 동일하게 작업할 수 있는 직원들에게 어디서 작업하느냐는 그다지 큰 문제가 아니다.

사내에 남겨진 직원들은 TV가 없기 때문에 각 뉴스 사이트나 소셜미디어(Social Media) 등의 인터넷 정보원을 통해 무슨 일이 일어났는지 전체상을 파악했다. 그중에서도 유용했던 것이 이용자가 많고 일본 전국에서 실시간으로 정보를 얻을 수 있는 트위터였다. 지진 발생 직후 시점에서 일본 내 트위터 이용자는 1,300만 명이 조금 안 됐다고 한다. 지진이 많은 일본에서는 이전부터 지진이 발생하면 트위터로 자신이 있는 곳은 얼마나 흔들렸는지 '흔들림'에 대한 정보를 공유하는 문화가 정착했다.

동일본 대지진 발생 직후, 트위터는 단순히 지진의 '흔들림'뿐만 아니라 재해 대응에 대한 유익한 정보를 전달하고 발견하는 플랫폼이 되었다. 지진 발생 1분 후인 14시 47분에 NHK 방송국은 홍보용 트위터 계정에 지진에 대한 주의 글을 올렸고, 이후 지속적으로 지진 · 해일에 대한 주의 글, 또 긴급한 경우를 제외하고는 전화통화를 자제하도록 호소하는 글을 올렸다. 그리고 많은 사람이 트위터를 통해 자신의 피해 정보와 주위 상황을 전함으로써 중요한 정보원이 되었다.

'재해 대응'에 시동을 걸다

——————— 구글 사내에서도 지진 발생 직후부터 재해 대응 준비가 시작되었다. 웹 마스터인 미우라 다케시는 지진이 발생했을 때 맞은편 주택동에 매달려 있던 곤돌라 작업자가 신경 쓰였다. 이후 그 작업자가 대피했다는 것을 확인하자 곧 '크라이시스 레스폰스(Crisis Response)'를 준비하는 것이 좋다고 판단해서 매니저인 가와시마 마사시에게 자신의 생각을 말했다.

크라이시스 레스폰스는 '재해 대응'이다. 구글은 2005년, 태풍 카타리나가 미국 뉴올리언스(New Orleans)를 덮친 이래, 중국 쓰촨성 지진(2008년 5월 중국 쓰촨성에서 규모 7.9의 지진이 발생하여 약 7만 명의 사망자가 발생했다 — 옮긴이)과 아이티 지진(2010년 1월, 세계 최빈국 중 하나인 아이티에 규모 7.0의 지진이 발생해 수도 포르토프랭스(Port-au-Prince)의 대부분이 초토화되었다. 이로 인해 약 25만 명의 사망자와 100여 만 명의 이재민이 발생했다 — 옮긴이) 등의 대형 자연재해가 발생했을 때 안부확인 서비스를 제공하는 '재해 대응' 프로그램을 실행했고, 동일본 대지진 직전인 뉴질랜드 크라이스트처치(Christchurch)에서 발생한 지진에도 같은 대응을 했다.

구글의 미국 본사에는 세계 어디에서 대규모 재해가 발생해도 즉각 대응할 수 있는 상설 재해 대응 '크라이시스 레스폰스팀'이 있다. 동일본 대지진 발생 때 구글 본사가 있는 미국 캘리포니아주㈜는 10일 밤 21시 46분이었는데, 일본의 대지진과 지진·해일 소식은 재해 대응 전 프로덕트 매니저인 프림 라마수와미(Prem Ramaswami)에게도 전달되었다. 그는 즉시 일본 구글에서도 재해 대응 활동을 시작하도록 지인인 유튜브(You Tube) 담당자 브래드 엘리스(Brad Ellis)에게 연락해 안부 및 정보확인 서비스인 퍼슨 파인더(Person Finder)를 시작할 수 있도록 의뢰했다.

같은 시간, 웹 마스터팀의 가와시마는 아시아 지역 재해 대응 사이트를 담당했던 웹 마스터 피터 푸(Peter Foo)를 중심으로 최초의 재해 대응 특설사이트 제작을 지시했다. 푸는 일시적으로 1층까지 대피했던 직원 중 한 명으로, 28층까지 걸어 올라온 터라 거칠게 숨을 몰아쉬었는데 지시를 받자마자 즉시 제작에 들어갔다. 홍보와 마케팅팀 역시 곧바로 내용 편집을 시작했다. 일본과 미국이 함께 보조를 맞춘 것이다.

이렇게 해서 지진 발생으로부터 1시간 46분 후인 16시 32분에 동일본 대지진의 특설 사이트 '재해 대응'이 만들어졌고, 그 서비스의 하나로 일본어판 '퍼슨 파인더'도 공개되었다.

움직일 수 있는 직원들이
일제히 재해지원 서비스를 개발하기 시작했다

─────── 퍼슨 파인더 공개 후 '재해 대응' 페이지에는 차례차례 유익한 정보가 추가되었다. 원래 구글은 직원들의 업무 내용에 대해서는 각자 개인의 재량에 맡기는 편이다. 그래서 지진 발생 후, 회사나 집에서 작업할 수 있는 직원들이 긴급 상황 시 구글의 강력한 정보 인프라(infrastructure)를 사용해 재해를 당한 사람들에게 유익한 정보를 전달해야 한다는 생각으로 뜻을 모아 정보 서비스 준비를 시작할 수 있었다.

예를 들어, 구글의 미국 본사에서 지도 관련 제품을 담당하는 시니어 프로덕트 매니저인 가와이 게이치와 케빈 리스(Kevin Reece) 등 위성, 항공사진을 다루는 화상(畵像)팀은 재해 지역의 보다 상세한 정보를 제공하기 위해, 위성사진을 제공하는 지오아이(GeoEye)사를 비롯한 각사의 협력으로 피해현장 위성사진의 입수 및 공개 준비를 시작했다.

유튜브 마케팅 담당자인 하세가와 야스시는 아직 본격 서비스 시동 전이었던 '유튜브 라이브(YouTube Live)'라는 라이브 스트리밍(실시간 재생) 구조를 사용해 인터넷을 경유한 TV 뉴스 재생 여부를 협력관계에 있던 방송국과 조정에 들어가 23시 50분에 〈TBS News-i〉부터 재생을 시작할 수 있었다.

엔지니어인 고토 마사노리는 한신·아와지 대지진(阪神·淡路大震災, 1995

년 진도 7.0의 지진이 고베시 일대를 강타해서 '고베 대지진'으로도 불린다. 약 6,000명의 사망자가 발생했다 – 옮긴이)를 경험한 미우라로부터 대피소 정보가 필요하다는 말을 듣고 당시 리스트로 제공되지 않았던 대피소 정보를 구글 맵(Google Map)에 정리하기 시작했다.

또, 마케팅 담당인 네고로 가오리와 전략사업개발 매니저인 사토 요이치는 일본적십자사에 연락을 취해 의원금(義援金. 지진 등으로 재해를 입은 사람과 단체를 구제하기 위한 기부금 – 옮긴이)을 모금할 수 있는 시스템을 준비했다.

누군가 서비스 개발이 필요하다고 생각하면 자신의 판단으로 움직이기 시작한다. 도와줄 사람이 필요한 경우에는 메일링 리스트(컴퓨터 이메일 시스템에서 다수의 사용자에게 같은 이메일을 전송하기 위해 사용되는 사용자 그룹 리스트 – 옮긴이)에 올리는 형태로 차례차례 프로젝트가 시작되었다. 그러나 이런 프로젝트 모두가 햇빛을 본 것은 아니다. 진행 중에 동료와 상의하여 공개하지 않기로 한 것들도 있었다. 그러나 모두 일단 시작해야 한다는 생각으로 프로젝트 실현을 향해 전력질주했다.

하지만 이런 긴급 상황 속에서 애써 시작한 프로젝트가 다른 프로젝트와 중복된다면 그 시간과 노력은 모두 물거품이 된다. 그래서 브래드 엘리스가 가운데서 교통정리 역할을 맡아 누가, 몇 시에, 어떤 것을 시작했는지 기록하고 진행 중인 프로젝트와 아이디어를 정리했다.

정보교환은 대부분 메일과 구글 톡이라고 불리는 채팅으로 이루어져 직원이 자택이나 출장지, 미국 본사 등 어디에 있든 전원이 확인할 수 있었다.

한편, 롯폰기 힐스 구글 사내에 남아 있던 직원들 중 일부는 차츰 한 곳에 모여 얼굴을 마주하고 정보수집을 하게 되었다. 구글의 어느 책상은 재해 관계 정보를 외부에 공개하는 역할을 위해 자연발생적으로 재해 대응 활동을 하는 직원들의 집합장소 및 회의탁자로 활용되었다. 그리고 그곳에 모인 직원들 중 어떤 서비스를 어떻게 전개할지 정하는 코어(core)팀이 만들어졌다. 그러나 코어팀이 전체를 지휘하는 것은 아니다. 각 프로젝트는 처음 생각한 직원이 자발적으로 진행하고 코어팀은 그런 활동을 파악해서 인적 자원이 적절히 분배될 수 있도록 도왔다.

3월 11일 이후, 이 지진대응팀에 의해 긴급 상황 시 필요한 정보부터 피해현장 지원에 필요한 정보, 나아가서는 그 후 피해현장 복구를 위한 정보지원 등 총 30가지가 넘는 다양한 재해 대응 서비스가 장기적으로 전개되었다.

독자적인 정보제공보다 연계한 정보제공이 중요하다

───── 아직 강력한 여진이 계속되었던 지진 발생 직후의 첫 주말에 사람들은 집에 틀어박혀 TV와 라디오로 상황을 지켜보았다.

인터넷에 접속할 수 있는 사람은 피해현장의 상황과 물, 식료품 등의 지원, 그리고 원자력발전소와 전력 상황에 대해 빠르게 정보를 얻을 수 있는 트위터 등의 소셜미디어로 정보를 수집했다. 지진 발생 직후부터 트위터는 피해현장에 있는 사람들과 각 분야 전문가의 의견을 얻을 수 있는 매우 유용한 정보획득 도구가 되었다.

많은 사람들이 이 트위터상에서의 대화를 통해 필요한 사람에게 필요한 정보를 전달하는 '정보지원'의 존재를 깨닫기 시작했다. 첫 주말에만 각종 서바이벌 정보와 구글 마이맵스(Google My Maps, 사용자가 원하는 정보를 지도에 추가할 수 있는 시각화 도구 ─옮긴이)에 재정리한 공공정보 등의 콘텐츠부터 개인과 프로그래머 그룹이 독자적으로 개발한 안부확인, 대피소 정보 등의 정보교환 사이트까지 차례로 정보지원이 시작되었다.

3월 11일, 구글이 지진 발생 직후 첫 활동으로 공개한 것은 퍼슨 파인더와 위성사진, 뒤죽박죽되었던 철도운행 상황을 알 수 있는 '철도지연 정보' 등, 구글이 이미 가지고 있던 기술과 정보를 토대로 만들어진 서비스가 많았다. 그리고 그것이 일단락되자 타사와 협력해 정보를 제공하는 서비스로 자연스럽게 중심이 옮겨졌다. 비상 시 도움이 될 정보가 있으면 그 정보를 갖고 있는 기업, 기관, 조직에 상관없이 적극적으로 연락을 취해 연계를 호소했다.

퍼슨 파인더도 초기 단계에서는 구글이 독자적으로 홍보해 등록을 호소했는데, 그 후에는 NHK가 TV에서 제공했던 안부확인 정보를 통합했고, 여기에 신문사와 휴대전화 사업자, 경찰청 정보도 합쳐졌다. 또, 대피소에 있는 사람들의 명단을 휴대폰 카메라로 촬영해 인터넷상의 자원봉사자가 새로 쓰는 형태로 데이터화한 '대피소 명단 공유 서비스'가 더해져서 최종적으로는 67만 건 이상이 등록한 거대한 데이터베이스가 방송국과 통신사업자 사이에서 공유되었다.

텔레비전 방송국과 인터넷의 협력도 이루어졌다

──────── 동일본 대지진 발생이라는 엄청난 재난을 맞이하여 긴급사태라는 점에 초점을 맞추었기 때문에 평상시라면 생각할 수 없는 다양한 시도가 이루어졌다. 그중에서도 많은 사람에게 강한 인상을 남긴 것이 TV의 인터넷 동시 중계였다.

3월 11일 20시 반, NHK는 TV 시청이 불가능하거나 라디오가 없는 사람들을 위해 유스트림(Ustream, 개인 인터넷 방송 플랫폼 – 옮긴이) 공식 채널에서 재해방송을 인터넷과 동시에 송신했다.

같은 시간 유튜브도 콘텐츠 제공 공식 파트너인 TBS와 연락을 취해, 당시 아직 베타판이었던 '유튜브 라이브 스트리밍' 기능을 사용하여 11일 23시부터 TBS New-i 채널의 송신을 시작했다. 이 채널의 송신은 그 후 일주일 동안 18일(금) 17시까지 계속 이루어져 특히 해외에서 일본 상황을 주시하던 사람들에게 귀중한 정보를 제공해 주었다.

개인부터 구조대까지 널리 활용된 최신 지리 정보

──────── 지진 발생 후 안부확인 정보와 함께 가장 많이 활용된 것이 지도 정보다. 위성사진과 항공사진의 경우는 대대적으로 대응에 나섰다. 구글 어스와 구글 맵(Google Map)에서는 지오아이의 위성사진이 사용되는데, 구글은 지오아이사와 협력하면서 재해지의 촬영 포

인트를 결정했다. 그리고 구름 등의 기상 상황에 애태우면서 선명하게 찍힌 재해지 사진부터 차례로 공개했다. 이 작업은 매일매일 반복되었다. 이렇게 해서 얻은 데이터는 13일(일) 정오, 구글 어스로 공개되었다. 또, 3월 말에는 관계하는 각처와의 조정을 통해 해상도를 높인 선명한 항공사진도 준비했다.

지진 발생 후 피해현장 주변의 도로는 큰 타격을 받아 통행이 정지된 곳도 적지 않았다. 여기서 중요한 역할을 한 것이 자동차 제조사와 내비게이션 제조사가 가지고 있는 통행실적 데이터였다. 혼다(本田)는 독자적으로 쌍방향통신 카 내비게이션인 인터내비(Internavi)를 통해 과거 24시간 동안의 통행실적 데이터를 수집하여 구글 어스용 데이터로 제공했다. 이윽고 혼다와 구글이 논의해 14일(월) 새벽 2시, '자동차·통행실적 정보맵'을 재해 대응 페이지에 공개했다. 28일(월)에는 여기에 도요타(豊田)와 닛산(日産)의 데이터도 포함해 ITS Japan(지능형교통시스템화 추진회) 데이터를 토대로 하여 정보를 제공하게 되었다.

접속이 몰리는 공공기관 서버를 후방지원하다

───── 구글의 재해 대응 중에는 독립된 서비스로 제공되지 않은 것도 많다. 네트워크 인프라의 지원이 여기에 해당되는데, 그 대표적인 예가 도쿄전력(東京電力)이 실시한 계획정전 정보제공에 관한 대처였다. 3월 13일(일) 시점에서 도쿄전력이 14일(월)부터의 계획정전(윤번

〈輪番〉정전. 전력수요가 전력공급 능력을 초과해서 일어나는 대규모 정전을 피하기 위해 전력회사에 의해 일정 지역별로 전력공급을 순차적으로 중단·재개하는 것 ─ 옮긴이)을 실시한다는 취지의 안내를 하면서 이에 대한 최신 정보를 얻으려는 사람들이 일제히 도쿄전력 공식 웹사이트에 몰려들었다. 원래 그전까지는 접속이 폭주했던 적이 없었던 도쿄전력의 서버는 취약해서 쉽게 다운되었다. 여기에 경제산업성(經濟産業省)의 요청도 더해져 평소 방대한 접속에 버틸 수 있는 구글과 야후 재팬에서도 같은 정보를 재배포하게 되었다.

웹서버가 폭주하는 접속을 견디지 못해 다운되는 현상은 비단 전력회사만의 이야기는 아니었다. 각 지자체 등의 공공기관 사이트에도 정보를 확인하려는 사람들의 접속이 쇄도했다. 구글은 방사선의학종합연구소, WHO 고베센터, 도쿄도 수도국, 센다이시(仙台市) 가스국 등의 공공기관에 연락해 정보 재배포 작업을 차례로 진행했다.

많은 소규모 연계로 폭넓은 정보요구에 응하다

─────── 재해정보 특설사이트(구글 재해 대응)에서는 위와 같은 서비스 외에도 유용한 정보와 서비스가 수시로 게재되었다. 그러나 구글이 공동작업한 것은 큰 조직만이 아니었다. 구글 직원들은 블로그와 트위터를 돌며 재해를 당한 사람들에게 제공되는 식사와 기름 공급, 화장실, 의료기관 등의 생활정보를 제공하는 개인과도 연계했다. 16일(수) 21시 반에는 커뮤니티 사이트와 협력하면서 '피해현장 생활

구조 사이트' 서비스를 재해정보 특설사이트에 공개했다.

　트위터에서는 많은 사용자가 구글에 새로운 정보 서비스를 요구했다. 물론 구글 쪽에서도 이들 요구 전부에 대응할 수는 없었지만 행방불명된 애완동물의 안부를 확인하는 '애니멀 파인더(Animal Finder)'를 시작으로, 구글 직원 개인의 재량으로 만들어진 서비스도 여러 가지가 있었다.

재해 대응의 새로운 단계

　　　　　　3월 말 시점에서 구글 재해 대응에는 30가지 이상의 서비스가 가동되었다. 4월 1일까지는 병행하여 진행했던 다른 프로젝트도 대충 틀이 잡혔고, 새로 채용한 직원들도 출근을 시작했다. 놀라운 속도로 매진했던 재해 대응 활동은 자연스럽게 일단락되었다.

　물론 이것은 동일본 대지진 재해 상황이 일단락되었다는 의미는 아니다. 피해현장에서는 아직 임시주택도 준비되지 않아서 여전히 대피소 생활을 계속하는 사람들이 많았다. 대도시 센다이에서도 전기, 수도에 이어 가스 복구가 막 이루어진 참이었다.

　현장에서 구글을 비롯한 정보 서비스는 어느 정도 사용되었는데, 그렇다면 어떤 정보에 대한 요구가 있었을까? 이런 조사를 하기 위해 'Go North(북으로 가자)'라는 구호 하에 팀 단위로 피해현장을 찾아갔고, 재해 대응 활동은 제2단계로 접어들었다.

　4월 4일부터 재해 대응 단계 2의 코어팀은 도호쿠의 피해현장을 돌았다. 피해현장에서는 현(県)청(庁)과 시정촌(市町村, 일본의 기초지자체 — 옮긴이)의 관공서, 상공회의소, 병원, 나아가서는 교류가 있었던 개발자와 지진 재해 후 트위터로 정보를 주고받았던 사람들을 방문해서 피해 후 상황과 현재 어떤 것들이 필요한지에 대해 물었다. 그렇게 4월 4일부터 8일까지 닷새 동안 10회 이상의 상황 조사를 했다.

현지에서 얻은 의견을 통해 코어팀은 현지 기업의 비즈니스를 지원해야 할 필요가 있다는 것을 알았다. 그래서 구글은 기업판 '퍼슨 파인더'라고 할 수 있는 '비즈니스 파인더'와 '유튜브 비즈니스 지원 채널' 등을 포함한 '동일본 비즈니스 지원 사이트'를 개설했다.

피해자의 회상과 지진 재해 기록을 미래에 남기기 위한 플랫폼

───── 구글이 지원하려고 했던 것은 비즈니스만이 아니었다. 그들은 도호쿠에서 피해를 당한 한 사람, 한 사람의 마음에 어떻게 대응할까에 대해서도 일찌감치 고민하고 있었다. 먼저, 5월에 일반 사용자에게서 투고받은 사진과 동영상을 공유할 수 있는 '미래에 대한 기억'이라는 사이트를 개설했다. 이것은 지진 재해로 소중한 사람과 물건, 장소를 잃어버린 사람들을 위해 희망으로 이어지는 기억을 되찾고, 지진 재해 자체의 기록을 남기는 것이 목적이었다. 이때 민간 비영리단체(NPO)와 보도기관, 그 외 인터넷 서비스와의 연계를 통해 입수한 사진과 동영상은 5만 점이 넘었다(2012년 3월 기준).

그 후 7월에는 피해 전후의 모습을 구글 스트리트 뷰(Google Street View, 세계 곳곳을 보여주는 온라인 3차원 사진 지도 서비스)로 비교할 수 있는 '디지털 아카이브 프로젝트(Digital Archive Project)'를 마련해 '미래에 대한 기억'에 더해졌다.

4월을 넘기면서 구글 공식 블로그에 소개된 새 서비스에는 재해 대응 이외의 것들이 늘어났는데 그렇다고 해서 동일본 대지진에 대한 대응이 끝난 것은 아니었다.

재해 대응은 크게 3가지 단계로 나뉜다. 첫째, 닥친 위기에 대한 대응, 둘째, 긴급상황으로부터 평상으로의 복귀, 그리고 셋째가 재건과 재해 체험 반영이다.

우리는 이미 1단계를 지났다. 2단계 상황에 대해서는 지역이나 사람에 따라 큰 차이가 있는데 적어도 3단계는 막 시작된 터라 앞으로 긴 활동이 될 것이었다.

72 hours at Google

2장
—

재해 대응 서비스가
생겨나기까지

퍼슨 파인더 가동

지진 발생 직후 구글이 가장 먼저 시작한 것이 안부확인 서비스인 '퍼슨 파인더'였다. 미국과 일본의 엔지니어가 연계해 퍼슨 파인더의 개량을 진행했다.

퍼슨 파인더, 5번째 가동

———— 미국 서부해안 시간으로 3월 10일(목) 22시(일본 시각 3월 11일〈금〉 15시), 실리콘밸리 자택에서 쉬고 있던 구글 직원, 카 핑 이(Ka Ping Yee)는 휴대전화로 재해 대응팀의 메시지를 받았다.

구글 사내에는 세계 각지에서 일어나는 자연재해에 대응하기 위한 재해 대응팀이 상시 가동하고 있다. 카 핑 이도 이 팀원 중 하나였다. 일본 시각 3월 11일(금) 14시 46분에 발생한 동일본 대지진 소식에 재해 대응팀은 즉각 활동을 개시했다.

카 핑 이가 자택의 컴퓨터로 재해 대응팀 전용 채팅룸에 들어가자 동료인 프렘 라마스와미(Prem Ramaswami)와 라이언 페일로(Ryan Falor)가 먼저 논의를 시작하던 중이었다. 재해 대응팀이 취하는 대응은 재해의 내용에 따라 달라지는데, 많은 사람에게 우선 필요한 것은 가족과 친구의 안부 정보였다. 카 핑 이가 중심이 되어 개발한 안부 확인 서비스 '퍼슨 파인더'는 2010년 1월의 아이티 지진을 시작해서 같은 해 2월 발생한 칠레 지진, 4월의 칭하이(青海) 지진, 7월의 파키스탄 홍수에서도 활약했던 터라 동일본 대지진에도 제공하기로 결정되었다.

퍼슨 파인더는 '앱 엔진(App Engine, 웹 애플리케이션을 구글 서버에서 작동시키기 위한 시스템)'상에서 작동하는 웹 애플리케이션이다. 앱 엔진은 구글이 개발자용으로 제공하는 서비스로, 개발과 유지관리 수고를 줄일 수 있는 것이 특징이다.

일반적인 서버(네트워크에 연결된 컴퓨터)상에서 서비스를 제공하는 경우에는 서비스 제공자가 서버를 유지 및 관리할 필요가 있고, 접속하는 유저와 다루는 데이터가 늘어나면 새로운 서버를 준비하거나 해서 접속이 하나의 서버에 집중하지 않도록 해야 한다. 이에 비해 앱 엔진에서는 애플리케이션을 서버에 업로드하면 곧바로 서비스를 이용할 수 있다. 퍼슨 파인더는 4번의 경험을 토대로 한 개량이 더해져 URL만 정하면 큰 수고를 들이지 않고 시작할 수 있었다.

그런데 퍼슨 파인더의 메뉴는 전부 영어로 쓰여 있어서 번역이 필

Person Finder(소식 정보) 2011 동일본 대지진

식별정보

성명

성:

이름:

성(요미가나 −한자의 음〈音〉):

이름(요미가나):

주) 일부 한자 읽는 방식에 의한 이름은 자동생성 되기 때문에 틀릴 가능성이 있습니다.

신체 특징

성별:

연령:

자택주소

동 이름: 유리아게(閖上)

주변 장소: 유리아게 중학교

시: 나토리시(名取市)

도도부현(都道府県・광역자치단체) : 미야기현(宮城県)

우편번호:

출신국:

이 기록의 정보원

정보제공자 이름:

정보제공자 전화번호:

정보제공자 메일 주소:

정보원 URL: 링크

정보원 투고일: 2011.03.13 21:02 JST

정보원 사이트 명: Japan.personfinder.appspot.com

이 기록의 유효기간: 2011.05.31 09:00 JST

주의: 이 기록은 1일 이내에 보존기간이 종료됩니다.

[보존기간을 60일간 연장한다.]

[이 사람의 신착정보를 메일로 수신한다.]

[이 코드를 삭제한다.]

결과 일람으로 돌아간다.

이 사람의 상황 🔊

투고자: 　　　날짜:2011-03-13 시각 21:05 JST 스팸을 보고

무엇이든 정보를 갖고 있는 분, 정보제공을 부탁합니다.

상황: 정보를 찾고 있음.

투고자: 　　　날짜: 2011-03-15 시각: 08:10 JST 스팸을 보고

나토리 시청 실종자 명단에 이름이 있다는 연락을 받았습니다.

상황: "이 사람이 살아 있다"는 정보를 입수했다.

투고자: 피난 명단으로부터 기입 날짜: 2011-03-18 시각: 00:20 JST
스팸을 보고

피난 명단으로부터 기입

상황: "이 사람이 살아 있다"는 정보를 입수했다.
마지막으로 발견된 장소: 문화회관 지도를 표시

이 사람의 상황에 대해 가르쳐 주세요.

이 사람의 상황

[지정 없음　　　　　　　　　　　▾]

메시지(필수)

이 사람이나 이 사람을 찾는 사람에게 보내는 메시지

[   ]

마지막으로 발견된 장소

주소를 입력하거나 아래 링크에서 지도를 열고 판을 움직여 장소를 지정해 주세요.

[   ]

지도를 표시

이 사람과 지진 발생 후 연락이 되었습니까?(필수)
- ◉ 예
- ◉ 아니오

당신에 대해서 (필수)

이 사람을 찾고 있는 사람이 당신과 연락을 취할 수 있도록 기입해 주세요.

당신의 이름 [   ]

당신의 전화번호 [   ]

당신의 메일 주소 [   ]

이 사람의 신착 정보를 메일로 수신 ☐

[이 기록을 보존]

주: 입력된 데이터는 바로 공개되어 누구나 표시・사용할 수 있는 상태가 됩니다. 소식 데이터에는 직접 사용자가 퍼슨 파인더에 입력한 정보 외에 공개된 정보, 그 외의 정보원을 토대로 입력된 정보가 포함되어 있습니다. 구글에서는 이들 데이터의 정확성 확인은 실시하지 않습니다.

퍼슨 파인더의 톱 화면에서 '소식・정보를 제공한다'를 선택하면 위의 입력화면으로 바뀐다. 다른 사용자가 상황 데이터를 추가하는 것도 가능하다.

요했다. 재해 대응팀은 먼저 일본어를 읽고 쓸 수 있는 직원을 모아 최소한의 번역 작업을 한 후 퍼슨 파인더를 가동시켰다.

미국과 일본의 엔지니어 간 협력으로 신속하게 버전 업

———— 라마스와미는 친분이 있는 구글 도쿄 지사의 브래드 엘리스에게 연락을 취해, 퍼슨 파인더를 공개하고 최대한 많은 사람들이 알 수 있게 널리 알려줄 것을 요청했다. 이렇게 지진 발생으로부터 불과 1시간 46분 후인 16시 32분, 퍼슨 파인더가 공개되었다.

이 무렵, 구글 도쿄 지사의 회의 장소에는 많은 직원이 모이기 시작했고 엘리스는 여기서 마케팅 담당인 네고로 가오리와 연락해서 트위터 등을 통해 퍼슨 파인더 서비스를 시작했음을 인터넷에 발신했다. 17시 52분에는 재해 정보 특설사이트가 공개되고 퍼슨 파인더가 톱 페이지에 게재되었다.

공개한 첫날, 퍼슨 파인더는 최소한의 번역이 이루어졌다고는 하지만 아직 군데군데 영어가 그대로 남아 있었고, 일본어로는 부자연스러운 표현도 적지 않았다. 엘리스는 구글 도큐먼트(문서)의 스프레드시트(spreadsheet)에 번역이 필요한 부분을 써서 다른 직원의 협력도 받아가며 번역 작업을 했다.

메뉴 등의 번역 작업은 2시간 정도를 들여 대충 완료했는데, 퍼슨 파인더를 사용하면서 몇 가지 문제가 있다는 것을 알게 되었다. 특히 스마트폰이 아닌 휴대전화로는 사용할 수 없고, 또 검색 기능에는 일본어 특유의 문제가 있었다. 구글 제품은 최소한의 국제화가 이루어져서 퍼슨 파인더도 처음부터 한자 입력과 검색은 할 수 있었지만 한자로 5글자 이상의 이름을 검색할 수 없었다. 또, 요미가나(한자 일본어 읽기 – 옮긴이)의 입력과 검색도 지원되지 않았다. 그러나 사용자 인터페이스(조작 환경)만 번역해서는 일본인 사용자가 사용하기 어렵기 때문에 프로그램 자체를 개량할 필요가 있었다.

그래서 모바일계 제품 프로덕트 매니저인 마키타 노부히로가 퍼슨 파인더의 프로덕트 매니저를 담당하게 되었다. 마키타는 모바일에 강한 엔지니어들과 협력하면서 퍼슨 파인더 개량을 추진했다. 일본 국내 휴대전화(비(非)스마트폰 – 옮긴이)는 기종에 따라 탑재하는 브라우저와 조작할 수 있는 문자 코드(문자와 고유번호의 대응관계를 결정한 규칙)의 사양이 각각 다르기 때문에 매우 면밀한 노하우가 요구된다. 휴대전화판(版) 퍼슨 파인더는 11일 23시 50분에 공개되어 13일(일) 새벽 2시경부터는 휴대전화 번호를 사용한 검색도 할 수 있게 되었다.

요미가나 검색 문제에 대해서는 구글 맵 담당 소프트웨어 엔지니어인 가와구치 료가 담당했다. 지진 발생 다음날인 12일(토), 가와구치는 결혼기념일 축하를 겸해 도쿄 미드타운의 호텔에서 느긋하게 가족과 주말을 보낼 예정이었는데, 사내 메일링 리스트에서 검색 개량을 할 수 있는 엔지니어가 필요하다는 것을 알았다. 그래서 호텔에 컴퓨터를 가지고 가서 아내에게 양해를 구해 검색 기능을 개량했다고 한다.

발음은 같은데 표기가 다른 한자(예: 渡辺〈와타나베〉와 渡邉〈와타나베〉 등)

를 포함한 애매한 검색과 한자읽기를 추정하는 기능은 추가 요망이 많았는데, 이것은 개발에 시간이 걸린다고 판단했다. 구글 웹 검색에서는 애매한 검색이나 읽기의 연상(聯想) 기능이 갖춰져 있는데 퍼슨 파인더는 구글 본래의 서비스와는 분리된, 무상으로 공개된 소프트웨어이기 때문에 이들 기능을 추가하면 자신이 프로그램 코드('소스 코드'라고 한다. 디지털 기기의 소프트웨어 내용을 프로그래밍 언어로 나타낸 설계도. 컴퓨터에게 내리는 명령 외에도 프로그래머 등의 인간이 읽고 참조할 수 있는 안내문도 포함되어 있다 - 옮긴이)를 작성할 필요가 있었다. 그래서 애매한 검색은 뒤로 미루고 우선 퍼슨 파인더에 요미가나 항목을 추가하는 것부터 시작했다. 앱 엔진은 데이터베이스 구조가 유연해 애플리케이션에서 사용하는 항목은 비교적 간단히 추가할 수 있다.

퍼슨 파인더의 개량에는 여러 명의 엔지니어가 동시에 참가했기 때문에 변경되거나 추가된 프로그램 코드의 양은 방대했다. 엔지니어가 작성한 프로그램 코드는 개발자용 메일링 리스트에 투고되어, 수정된 코드를 각 개발자에게 리뷰 요청을 하고 문제가 없는지 확인해서 문제가 없으면 변경 처리를 한다. 참고로 앱 엔진에서는 동작 중인 서비스를 멈추지 않고 기능을 갱신할 수 있다.

지진이 발생하고 일주일 동안 퍼슨 파인더의 코드 리뷰어('코드 리뷰〈Code Review〉'란 소프트웨어 개발자가 코드를 프로그래밍 언어로 작성하고, 다른 개발자가 리뷰하는 것을 말한다 - 옮긴이)를 담당한 것은 미국 본사의 카 핑 이었다. 그는 최초의 2, 3일 동안은 거의 잠도 자지 못한 채 코드 리뷰를 계속했다.

대피소의 명단을 촬영해 인터넷에 공유하다

———————— 퍼슨 파인더의 개량을 진행하는 도중에 또 다른 과제가 떠올랐다. 11일 시점에서 데이터 등록 건수는 3천 명 정도였는데 예상보다 적은 수치였다. 그때부터 어떻게 하면 데이터 수를 늘릴 수 있을까에 대한 고민이 시작되었다.

13일(일), 이것에 대한 돌파구가 된 것은 전(前) 구글 직원인 다카히로 노리히코가 한 말이었다. "현지에는 손으로 쓴 안부확인 리스트 같은 게 붙어 있지 않을까? 또, 그것을 웹에 올릴 수 있다면 도움이 되지 않을까? 내가 직접 피카사(Picasa, 구글의 사진관리 소프트웨어)로 간단히 만들어 봤는데 도움이 될까?"

퍼슨 파인더에 직접 데이터가 입력되지 않아도 명단만 볼 수 있으면 그것으로 안부를 확인할 수 있는 경우도 있다. 또, 사진을 보면서 다른 사람이 퍼슨 파인더에 데이터를 입력하는 것도 가능하다. 구글의 지명도를 활용하면 사진이 모일 수도 있었다.

시니어 엔지니어링 매니저인 가자와 히데토는 트위터에 올린 그의 글을 보고 '열심히 퍼 나르겠다'고 댓글을 보냈다. 그리고 마키타, 네고로와 함께 '대피소 명단 공유 서비스' 프로젝트를 시작했다.

그가 가장 먼저 검토한 것은 사진을 공유하기 위한 방법이었다. '앱엔진상에 전용 사진공유 서비스를 개설할 수도 있는데, 개발에는 시간이 걸린다. 그렇다면 구글 피카사 웹 앨범에 어카운트(아이디)를 만들어 거기에 투고를 모으면 되지 않을까?'

투고용 피카사 어카운트는 가자와의 주장으로 'ganbare('간바레'는 '힘내라'라는 의미의 일본어 – 옮긴이)'로 정했다. 이거라면 잘못 듣지도 않을 테고 영문으로 써도 알기 쉽다(일부러 'gambare'로 하지 않았다). 일반 사용자와 똑같은 순서로 어카운트를 만들고, 대량의 투고에 대비해 앨범의 용량도 추가했다. 미국 본사 담당자가 설정하면 용량 무제한도 가능하지만 그러기에는 시간이 아까워 일단 회사의 신용카드로 앨범의 추가용량을 구입했다고 한다.

그러나 가자와에게는 아직 확인해야 할 것이 있었다. 대피소에 붙어 있는 명단을 인터넷상에 공개하는 것이 개인정보 보호 관점에서 과연 문제가 없을까 하는 문제였다.

13일 밤, 가자와로부터 '대피소 명단 공유 서비스'에 대해 상의를 받은 법무부(일본의 기업 법무 관련 부서 – 옮긴이)의 부장인 야마다 히로시는 순간 망설였다. 지금껏 많은 타인의 이름과 대피소가 게재된 명단을 투고해 달라고 일반 사용자에게 호소하고 그것을 공개하는 서비스는 한 번도 없었던 것이다. 개인정보보호법도 문제지만 제멋대로 명단을 공개하면 당사자와 관계자에게 혹시 피해를 주지는 않을까?

그러나 그는 팀원의 설명을 듣고 이 서비스가 절실하게 정보를 필요로 하는 많은 사람을 돕게 될 거라는 사실을 깨달았다. 야마다는 사용자를 믿고 가능한 한 빨리 이 서비스를 개시할 수 있도록 해야 한다고 생각했다. 그리고 명단 사진의 투고와 공개는 명단관리자의 승인을 얻는다, 그 방침과 악용하지 않는다는 취지를 블로그를 통해 알린다, 이 구성으로 하면 가능하다고 판단했다.

"대피소 명단 공유 서비스는 재해를 당한 여러분의 소재를 알리기 위한 서비스입니다. 구글이 받은 사진을 이 서비스 제공 이외의 목적으로 사용하는 일은 없을 것입니다. 위의 사용법에 따르지 않는 사진 및 이 서비스의 목적에 어긋나는 사진 투고는 삼가해 주시기 바랍니다. 구글이 관계없다고 판단한 사진은 삭제합니다. 또, 대피소 명단 공유 서비스에는 구글 서비스 이용규약이 적용됩니다. 이용규약에 위반하는 사진을 보낼 경우 사진이 삭제될 수 있습니다."

구글은 이러한 내용의 글을 구글 공식 블로그 일본어판에 올리고 14일(일) 새벽 2시부터 '대피소 명단 공유 서비스'를 시작했다. 이런 서비스를 개설할 때는 지자체의 협력이 반드시 필요하다. 파트너십 담당자인 무라이 세쓰토는 밤 12시가 지나 날짜가 바뀔 무렵부터 아오모리(青森), 이와테(岩手), 미야기(宮城), 후쿠시마(福島), 이바라키(茨城), 나가노(長野), 니가타(新潟)의 재해대책본부에 전화를 걸었다. 한밤중인데도 각 재해대책본부 담당자들은 모두 성실히 응해 주었다고 한다. 이들이 퍼슨 파인더란 무엇인가부터, 지자체가 문제가 없다고 판단한 자료를 제공해 달라는 의뢰까지 대책본부에 설명을 마쳤을 때는 이미 날이 밝아 있었다.

'재난소 명단 공유 서비스'는 새벽 2시에 개설되었지만 사용자들로부터 속속 투고가 이어져 14일 하루에만 1,000장 가까운 사진이 확보되었다. 구글 직원들은 사용자의 적극적인 정보제공에 놀랐는데 앞으로 그보다 더욱 놀라운 일이 기다리고 있었다.

5,000명의 자원봉사자가
퍼슨 파인더를 지원했다

'대피소에 손으로 쓴 명단이 있을 테니 촬영해서 투고해 달라!'

구글의 호소에 대량의 사진들이 모아졌다. 또, 5,000명이나 되는 자원봉사자가 협력하여 사진을 확인하고 퍼슨 파인더에 자료를 등록했다.

명단 사진에서 이름을 확인해 자료를 직접 입력하다

——— 3월 14일(월) 아침, 사무실에 출근한 구글 맵 프로그램 매니저, 무라카미 요스케는 피카사 웹 앨범을 보고 놀라지 않을 수 없었다. 새벽 2시에 시작된 '대피소 명단 공유 서비스'에 이미 대량의 사진 데이터가 투고되어 있었기 때문이다.

그러나 대피소 명단 고유 서비스 단독이라면 편리성은 그다지 높지 않다. 확실히 대피소 이름을 의지해 사진 한 장 한 장을 확인하면 지인과 가족의 안부를 확인할 수 있지만 그러기에는 많은 시간이 걸린다. 그런 이유로 역시 인명(人名) 등의 데이터로 검색할 수 있도록 해야만 했다. '세상의 모든 정보를 쉽게 접근하고 사용할 수 있도록 하는 것'이 구글의 임무이고, 모든 직원이 공유하는 생각이었다.

그렇다면 화상 데이터로 보내온 명단을 어떻게 검색할 수 있게 할까? 이와 같은 의도로 구글은 고도의 화상처리 기술을 개발했다. 예를 들어, 구글 북스(Google Books, 구글 프린트〈Google Print〉라는 이름으로 출발한 이 프로젝트는 스캔한 페이지를 PDF 파일로 변환하여 저작권에 문제가 없는 책의 경우에 한해 검색을 통해서 읽을 수 있게 해준다. 2005년 구글 북스로 변경되었다 – 옮긴이)에서는 북 스캐너가 책장을 넘기면서 자동적으로 촬영, 화상데이터로부터 문자를 추출해 디지털화한다. 이처럼 화상데이터 내의 문자를 인식해 텍스트 데이터로 변환하는 시스템을 OCR(Optical Character Reader/Recognition, 광학문자판독)이라고 한다. OCR 기술은 해마다 발전해서 손글씨도 높은 확률로 인식하지만 아직 인간의 수준에는 이르지 못한다. 특히 혼란스러운 상황에서 쓴 대피소 명단의 글자는 갈겨 쓴 것들이 대부분이다. 미국팀이 OCR 기술을 사용해 작업 효율을 높일 수 없을까 검증했는데 현실성이 낮았다.

구글 사내에서는 대피소 명단을 디지털 데이터화하기 위한 다양한 방법이 검토되었는데, 가족과 지인의 안부 정보를 얻으려는 사람들에게 한시라도 빨리 정보를 전달하기 위해 결국 가장 원시적인 방법을 쓰기로 했다. 즉, 사람이 사진을 한 장 한 장 확인해가며 쓰여 있는 이름과 그 외의 정보를 퍼슨 파인더에 입력하는 것이다.

무라카미는 '어떻게 하면 효율적으로 텍스트화 작업을 할 수 있을까' 깊이 고민했다. 새로운 시스템을 개발하기에는 시간이 걸리기 때문에 구글 도큐멘트의 스프레드시트를 직원이 공유해서 진척 상황을 관리했다. 피카사 웹 앨범에 업로드된 사진에는 각각 다른 URL이 배정되어 있으므로 이것을 스프레드시트에 복사한다. 피카사 웹 앨범에 투고된 사진에는 코멘트를 더할 수 있게 되어 있어 여기에 '작업 개시', '완료'라고 기입해 작업의 중복을 막는다. 그리고 스프레드시트에 입력한 데이터를 퍼슨 파인더로 옮기면 될 것 같았다.

무라카미는 평소 같이 작업을 하는 팀원에게 말하고 사내 메일링 리스트를 통해서도 자원봉사자를 구했다. 50명 정도의 멤버가 모여서 도판(圖版)을 넣는 순서를 만들어 작업 내용을 설명했고, 14시경에는 작업이 시작되었다.

15일(화)이 되자 사내 자원봉사자의 수는 85명까지 늘어났다. 작업하는 사람들의 평소 담당 업무는 다양해서 마케팅, 영업 담당자도 있고, 구글 일본어 입력, 웹 브라우저 크롬(Chrome)을 개발하는 엔지니어도 있었다. 평소에는 어려운 프로그램 코드와 씨름하는 엔지니어도 잘 찍히지 않은 명단 사진을 보며 어떻게든 이름을 읽어보려고 애를 썼다. 또, 기초기술을 담당하는 엔지니어는 작업을 효율화하기 위한 크롬 확장 기능을 개발해 15일 오후 사내에 공개했다(그 다음 주에는 일반인 대상으로 공개되었다).

이 확장 기능은 피카사 웹 앨범의 코멘트 칸에서 정보를 복사해 퍼슨 파인더에 옮겨준다. 해외 사무실에서도 일본어를 읽고 쓸 수 있는 직원 몇 명이 작업에 참가해 시간대가 다른 도쿄 지사의 작업을 도와주었다.

텍스트화 작업을 외부 자원봉사자에게 의뢰하다

———— 그러나 실제로 작업을 추진하다 보니 사진을 텍스트화하는 데 예상 외로 시간이 많이 걸렸다. 사진 한 장에 한 사람의 이름만 찍힌 것도 있고 100명의 사람이 찍힌 것도 있다. 글자가 선명하지 않은 사진, 한자를 어떻게 읽는지 알 수 없는 이름과 주소도 많아서 한 사람이 사진 한 장의 내용을 퍼슨 파인더에 입력하는 데 1시간이 걸리는 경우도 있었다.

15일까지 피카사 웹 앨범에 투고된 사진은 1,800장에 달했는데 사내에서 퍼슨 파인더에 입력한 것은 그것의 3분의 1인 600장에 불과했다. 게다가 사진 투고는 더욱 늘어날 기미를 보였다. 당초에는 사진 확인부터 퍼슨 파인더에 입력하는 것까지 전부 사내 자원봉사자로 해결할 예정이었는데 작업에 무리가 있다는 것이 확실해졌다. 일부에서는 명단을 텍스트로 만들기 시작한 사용자도 있었다. 그렇다면 '외부 자원봉사자에게 정식으로 협력을 구해야 할까?', '혹시 악의를 가진 사용자가 장난을 치지는 않을까?' 하는 걱정이 있었지만 사용자의 선의를 믿고 작업 속도를 우선하기로 했다.

고지(告知)는 먼저 피카사 웹 앨범으로 했다. 15일 이른 아침, 무라카미는 앨범에 '텍스트화 부탁'이라고 제목을 붙인 '영상'을 올리고 명단 사진의 코멘트 칸에 '성명(그 외의 정보)'이라는 서식으로 텍스트를 보내달라고 봉사자에게 부탁했다.

데이터 등록 과정이 자발적으로 만들어졌다

──── 피카사 웹 앨범의 대피소 명단 공유 서비스에는 수많은 자원봉사자가 모여 사진의 코멘트 칸을 사용한 자발적인 논의가 시작되었다. 아마가사키시(尼崎市)에 사는 소셜미디어 크리에이터, OYAJI(닉네임)는 일찌감치 퍼슨 파인더와 대피소 명단 고유 서비스 존재를 알고 트위터로 사용법 등의 정보를 알렸다. 구글이 대피소 명단을 텍스트화할 필요가 있지 않은지 생각했을 무렵, 그는 구글의 '텍스트화 요청' 영상이 업로드된 것을 보고 피카사 코멘트 칸에서 이루어진 논의에 참가했다. OYAJI와 우즈마이(닉네임) 등의 자원봉사자는 코멘트 칸에 텍스트화할 때의 서식과 순서가 통일되지 않으면 퍼슨 파인더 입력 작업에 혼돈이 일어날 수 있음을 염려하여 논의를 통해 과정 등을 상세히 정했다. 개인정보 확보라는 관점에서 '번지(番地)는 사진에 나와 있어도 텍스트화하지 않는다, 퍼슨 파인더에 등록하지 않는다'는 방침도 사외 자원봉사자들이 솔선해서 정했다고 한다.

또, 웹사이트 제작자인 tenkao(닉네임)는 미작업 파일을 찾기 위한 서비스 '구글 대피소 명단 고유 서비스 앨범·사진 리스트'를 개설했다. 이런 서비스나 도구는 봉사 작업을 효율화하는 데 큰 도움이 되었다.

16일(수)이 되자 퍼슨 파인더 입력 작업도 구글 사내 자원봉사자만으로는 해결할 수 없게 되어 사외 자원봉사자가 본격적으로 작업에 참가하게 되었다. 사외 자원봉사자는 논의를 통해 작업 과정을 결정하고 17일(목) 자정에 우즈마이가 '퍼슨 파인더 텍스트화 & 등록 정리 Wiki'*1를 작성하여 정보를 집약했다. 이 사이트는 현재도 남아 있는데, 우즈마이와 쓰쿠바시(筑波市)의 Oblivion(닉네임) 등에 의해 미작업 사진 데이터를 찾는 순서부터 작업의 개시·종료 선언, 텍스트 서식, 퍼슨 파인더 등록 순서, 등록한 데이터의 2차, 3차 확인까지 그림을 더해 정중하게 설명되어 있다. 이것은 외국어 이름과 읽기 어려운 지명의 실마리가 되는 정보까지 망라한 무척 힘든 작업이다. 퍼슨 파인더가 개량되어 작성 방식이 변경될 때마다 데이터 등록 규칙도 바꿀 필요가 있었는데 그것들도 정리해서 Wiki(불특정 다수가 협업을 통해 직접 내용과 구성을 수정할 수 있는 웹사이트)에 상세하게 반영되었다.

17일 오전 8시 40분에는 구글 공식 블로그 일본판에도 대피소 명단의 퍼슨 파인더 등록 작업을 도와달라는 글이 올라왔다. 그러나 인터넷을 모르는 사람도 무엇을 해야 좋을지 알 수 있도록 하려면 그림을 사용하는 등의 설명 방법에 대해 고민할 필요가 있었다. 그래서 구글의 UX(User Experience, 사용자 경험은 사용자가 어떤 시스템, 제품이나 서비스를 직·간접적으로 이용하면서 느끼고 생각하게 되는 총체적 경험을 말한다 — 옮긴이)를 담당하는 이시쓰카 나오유키와 웹 마스터, 오야마 유미(小山結未) 등이 자원봉사자 대상 설명 페이지의 제작을 맡았다.

다음날 18일(금) 14시까지 3,360명의 사외 자원봉사자가 등록 작업에 참가해 명단 화상의 90% 이상이 퍼슨 파인더에 무사히 등록되었다. 사외 자원봉사자가 본격적으로 협력하기 시작한지 불과 2, 3일 만에 구글 사내 자원봉사자만으로는 처리하지 못한 명단 데이터를 모두 처리할 수 있게 되었던 것이다.

그 후에도 사외 자원봉사자와의 활동은 계속되었다. 오사카(大阪)의 후아린(닉네임)은 등록이 끝난 90%의 데이터 중에도, 글자를 판독할 수 없는 등의 이유로 사실상 묻혀버린 데이터가 있다는 것을 알고 재확인 과정을 정비했다. 지진 발생으로부터 2주 후에 참가한 YokoS(닉네임)에 의하면 이 무렵에는 글자를 정확히 읽을 수 있는 사진의 경우 거의 작업이 끝났고, 남아 있던 것은 해상도가 낮아 읽기 어려운 것과 흘려 쓴 글자 등이었다. 편집 경험이 있는 YokoS는 이런 사진들의 자료와 잘못 읽은 글자를 일일히 확인했다. 또, 봉사자들 사이에서는 교정을 해서 오자를 찾아내고 잘못 읽은 한자를 수정해 데이터의 정밀도를 높이자는 의견이 나와, 4단계 정도 교정이 더해졌다. 해상도가 낮아 읽기 어려운 글자에 대해서도 '~일지 모른다'는 코멘트를 적고, 여러 작업자를 거치면서 판별한 경우도 많았다고 한다.

29일(화), 구글은 '참가한 외부 자원봉사자는 총 5,000명에 이르고, 처리한 화상은 1만 장 이상, 등록한 데이터 건수는 14만 건 이상이었다'고 발표했다. 대피소 명단 공유 서비스가 폐쇄된 6월까지, 사외 자원봉사자들은 작업을 계속했다.

참고로, 명단의 텍스트화 봉사 작업은 위의 정리 위키에서만 이루

피카사 웹 앨범상에서의 텍스트화 작업 모습 사진의 코멘트 칸을 사용해 봉사자들이 의견을 교환하면서 작업을 진행했다(작업 과정이 결정된 3월 19일 시점의 사진이다).

어진 것은 아니다. 믹시(mixi, 일본의 인터넷 커뮤니티 사이트 — 옮긴이)상에서 대화를 주고받으며 텍스트화를 추진했던 사람, 개인 블로그상에서 독자적으로 작성한 명단을 투고한 사람도 많았다. OYAJI에 의하면 블로그와 믹시, 그리고 정리 위키상의 정보를 대조해 보고 비로소 피해자의 신원을 확인할 수 있는 경우도 있었다고 한다.

플랫폼을 제공하면서 사람들이 이어진다

─────── 사외 자원봉사자들 덕분에 구글은 14만 건이나 되는 안부 정보를 놀랄 만큼 짧은 기간에 입력할 수 있었다. 그러나 사실, 사외 자원봉사자와 구글이 밀접하게 연계했던 것은 아니었다.

예를 들어, 당초 퍼슨 파인더는 이름으로만 검색할 수 있고 100건 이상의 결과는 나타낼 수 없는 형식으로 되어 있었다. 사외 자원봉사자 엔지니어는 구글 그룹에 퍼슨 파인더 개선을 요구했는데 이에 대해 구글로부터 응답이 전혀 없었기 때문에 스트레스를 호소하는 사람도 있었다고 한다.

실제로 퍼슨 파인더 개량에 대해서는 소프트웨어 엔지니어인 가와구치 료와 다카하시 슈헤이 등이 적극적으로 대응했다. 17일(목)에는 가타카나·히라가나·로마자에서의 애매한 검색이 추가되었고, 3월 말에는 주소와 이름의 조합으로도 검색할 수 있게 되었다.

이 외에도 사용자가 데이터화되지 않은 사진을 쉽게 찾을 수 있는 방법을 준비해 사외 자원봉사자가 진행하는 작업과 협력할 수 있게 하는 등 세심한 배려가 이루어졌다. 그러나 구글 측의 내부 사정이 설명되지 않았던 점, 퍼슨 파인더의 개선상황과 예정에 대해 공지가 이루어지지 않았던 점 등 커뮤니케이션에 부족한 부분이 있었던 것은 부정할 수 없다.

데이터 등록 작업 과정에서 구글과 사외 자원봉사자 간에 불협화음이 생긴 경우도 있었다. 예를 들어, 사외 자원봉사자는 동일 대피소에서 촬영된 사진이 여러 장인 경우, 그것들을 종합적으로 판단해 데이터를 등록했다. 다른 사진에 나뉘어 있는 경우에도 가족과 친척으로 판단되면 그 내용을 퍼슨 파인더의 정보란에 기입해서 소식을 찾기 쉽게 했다.

그런데 구글 측에서 이런 과정을 밟지 않고 〈아사히신문朝日新聞〉에 게재된 명단의 정보를 신속하게 우선적으로 입수했기 때문에 중복 등록이 대량 발생했다. 신속함과 정밀도, 그 어느 쪽을 우선할지 시비를 판단하기는 어렵다. 그러나 똑같은 이름의 자료가 100건 이상 있는 경우, 100건 이후의 검색결과를 나타낼 수 없는 퍼슨 파인더의 구조 때문에 중복된 데이터를 찾는 데는 시간이 걸렸다.

또, 당초 구글은 '피난자 명단 이외의 사진은 퍼슨 파인더에 입력하지 말아 달라'는 방침을 취했는데 도중에 이들 사진이 텍스트화 대상 폴더에 들어갈 수 있게 되는 등의 혼란이 생겼다. 이런 데이터 취급 방식도 자원봉사자들 간에 상의해 대응을 결정했다.

커뮤니케이션이나 과정에서는 풀어야 할 과제도 있었지만 퍼슨 파인더는 'IT가 사람들을 이어준다'는 것을 보여주는 좋은 예가 되었다. 인지도 높은 조직이 플랫폼을 제공하면 사람들은 자발적으로 지원활동을 해나갈 수 있다.

이 글을 연재할 당시의 독자인 히사오(닉네임)는 "사진에서 텍스트로, 그리고 퍼슨 파인더 입력이 일반 사용자에게 맡겨질 때까지 시간이 걸렸습니다. 좀 더 빨리 사용자를 신뢰했으면 좋았을 텐데…. 그러나 그 외에는 훌륭했고, 한 곳에 정리되는 중요성을 느꼈습니다"라는 코멘트를 남겨주었다.

또 OYAJI는 "이번의 명단 텍스트화 작업에서는 구글 사내 그룹, 정리 위키 그룹, 믹시상의 커뮤니티, 블로그 그룹, 개인, 매스컴 등이 별개로 움직였습니다. 이런 그룹들이 상호 협의·정보를 교환할 수 있는 자리를 제공해 주면 구글과의 차질도 줄고, 각 그룹에 통일된 규칙이 제대로 전달되어 정보 작성, 제공 속도가 더 빨라지지 않았을까 생각합니다"라고 말했다.

지자체와 매스컴, 그리고 일반 사용자들에게 이러한 안부 정보 제공에 관한 노하우가 알려지면, 앞으로 재해가 일어났을 때 보다 빠르고 보다 정확히 정보를 전달할 수 있을 것이다. 안부 정보를 전달하기 위한 순서, 외부 자원봉사자 모집 방법, 봉사자가 활동하기 쉬운 협력 서비스, 커뮤니케이션 창구 설치 등 이번 경험을 토대로 생각해야 할 대책들이 다양한 만큼 많은 사람들의 지혜가 필요하다.

특히 피해현장을 위해 뭔가 돕고 싶어도 결국 아무것도 하지 못해 죄책감을 느끼는 사람들이 적지 않다. 이들의 선의를 활용할 수 있는 플랫폼을 어떻게 구축하느냐는 하나의 큰 도전이 될 것이다.

대형 미디어와 경찰과도 연계해
67만 건의 데이터 등록

//

동일본 대지진에서는 매스미디어와 휴대전화 회사, 경찰청, 지자체 등의 관계기관이 신속하게 연합한 사실에 주목하고 싶다. 발 빠른 연계로 약 20만 건의 데이터가 퍼슨 파인더에 등록되었다.

NHK가 모은 안부 정보를 퍼슨 파인더에 포함시켰다

─────── 동일본 대지진에서 퍼슨 파인더의 최종 데이터 등록 건수는 67만 건에 달했는데 정보원은 크게 나누어 3가지였다. 하나는 개인 사용자가 각각 입수한 데이터다. 또 하나는 앞서 설명한 대피소 명단의 사진을 토대로 봉사자들이 텍스트화한 14만 건의 데이터다. 그리고 세 번째가 매스미디어와 관계기관의 연계로 등록된 데이터다. 등록 건수로 말하면, 세 번째 데이터는 약 20만 건으로 전체의 30%

를 차지한다. 이러한 제휴관계가 동일본 대지진 이전부터 이루어졌던 것은 아니다.

3월 14일(월) 새벽 2시, 대피소 명단 공유 서비스를 개시한 후 구글 직원들은 보다 많은 안부 정보를 검색할 수 있도록 매스미디어와의 연계를 모색하기 시작했다. 평소에 매스미디어 관계자와의 다리 역할을 하는 홍보부 매니저, 토미나가 사쿠라는 안면이 있는 기자를 통해 NHK에 접촉했다.

재해 직후 NHK에서는 TV와 라디오로 안부 정보제공을 호소해 많은 시청자들로부터 정보제공이 이어졌다. NHK는 TV의 텔롭(자막) 등으로 이들 정보를 내보냈는데 TV와 라디오에서는 그 순간이 지나면 이후에 정보를 다시 검색할 수 없다. 그래서 시청자는 자기 지역의 정보가 나올 때까지 TV 앞에 앉아 무작정 기다려야만 했다. 담당자는 시청자가 효과적으로 정보를 검색할 수 있는 방법을 찾았는데, 자비(自費)로 검색 시스템을 개발하는 것은 무리가 있었다. 이때 시기적절하게 퍼슨 파인더라는 해결책이 등장한 것이다.

NHK 담당자와 퍼슨 파인더 프로덕트 매니저로 일했던 마키타 노부히로, 파트너십 담당자 무라이 세쓰토 등은 즉각 의견조정에 들어갔다. 다음날 15일(화)에는 소프트웨어 엔지니어인 다케우치 준페이도 참가해 표시할 때의 어구 등등 상세한 내용을 결정했고, 16일(수)에는 NHK가 구글에 데이터를 제공하기로 했다. 그렇게 평상시에는 생각할 수 없는 빠른 속도로 파트너십이 진행되었다.

작업의 효율화를 위해 다케우치는 해외 지사의 엔지니어와도 협력해 데이터의 중복을 확인하는 스크립트(프로그램)를 차례로 작성했다. NHK로부터 데이터가 들어오면 스크립트를 작동시켜 확인하고 퍼슨 파인더에 등록해 공개하는 사이클이 원활하게 작동할 수 있게 되었다.

휴대전화 회사의 재해용 전언판과 연계하다

──────── 재해 시 안부 정보 서비스를 제공했던 것은 NHK와 구글만이 아니었다. 일본 국내의 휴대전화 회사에는 재해용 전언판(傳言板) 서비스가 있어서, 동일본 대지진 때도 이 서비스를 제공했다. 각 전화 회사의 사용자는 휴대전화와 컴퓨터를 사용해 안부 정보를 등록하고 확인할 수 있다.

13일(일)에는 퍼슨 파인더에서 휴대전화 번호 검색을 하면 각 휴대전화 회사가 준비하는 재해용 전언판으로 전송되어 그쪽에서 검색할 수 있게 되었다. 17일(목)이 되면 휴대전화 회사와 퍼슨 파인더의 연계는 더욱 긴밀해진다. 이때부터는 각 휴대전화 회사의 재해용 전언판 데이터도 퍼슨 파인더에 포함되어 검색할 수 있게 되었다.

NHK의 경우와는 달리, 휴대전화 회사와의 연계에는 'PFIF'가 사용되었다. 'PFIF(People Finder Interchange Format, 피플 파인더 교환 포맷)'는 안부 정보 서비스 사이에서 데이터를 원활히 주고받기 위해 만들어진 포맷으로, 퍼슨 파인더 개발자인 카 핑 이가 2005년 9월에 첫 방식을 만들었다. 사실 PFIF 사용은 퍼슨 파인더 개발보다 앞서 이루어졌다. 2005년 허리케인 '카트리나'가 미국에 상륙했을 때 자원봉사자에 의해 안부 정보 서비스가 조직되었는데, 서로 다른 정보 소스를 통해 다양한 포맷으로 데이터를 보내 데이터의 일원화에 어려움을 겪었다.

그래서 봉사에 참가했던 카 핑 이가 PFIF를 사용한 것이다. PFIF는 인터넷상의 데이터 교환에 널리 사용되는 XML(Extensible Markup Language, 구조화된 문서를 웹상에서 구현할 수 있는 인터넷 프로그래밍 언어 — 옮긴이)이라는 언어를 토대로 만들어지고 이름, 주소, 현재 상황 같은 인물별 데이터로 구성된다. 특징적인 것은 데이터 등록에 사용된 안부 정보 서비스에 대한 정보까지 포함시킬 수 있다는 점이다. 이것으로 복수(複數)의 안부 정보 서비스가 데이터를 교환할 때, 원래 데이터를 거슬러 올라가는 것도 가능해진다. PFIF는 구글 외에 미국 야후의 안부 정보 서비스에도 채용되어 2010년 아이티 대지진이 발생했을 때는 CNN과 뉴욕타임스 등도 PFIF를 사용해 서로 안부 정보를 이용했다. 또, PFIF는 EDXL(Emergency Data Exchange Language, 재난 데이터 교환언어 — 옮긴이)라는 국제표준의 일부로 채용되어, 다양한 구제(救濟)기관에서 사용되고 있다. 참고로, 동일본 대지진이 일어나기 직전인 3월 7일(월), 카 핑 이는 PFIF 버전 1.3을 공개했다. 이 버전에서는 각 데이터의 유효시간도 설정할 수 있게 되어 있어 퍼슨 파인더에서도 그 기능을 이용하고 있다.

각 휴대전화 회사는 PFIF를 사용해 자사의 데이터베이스에 보존되어 있는 데이터를 퍼슨 파인더에 모아 등록했다. 또, 구글과 휴대전화 회사 외에도 퍼슨 파인더 데이터를 불러서 도도부현(都道府県, 광역자치단체 — 옮긴이) 별로 행방불명자를 검색할 수 있는 서비스가 등장했다.

그런데 PFIF에 의한 데이터 교환에는 몇 가지 문제가 있었다. 그 대표적인 것이 요미가나(한자 일본어 읽기) 항목이 준비되어 있지 않아 다른 서비스와 PFIF로 연계할 경우, 요미가나의 검색과 등록을 할 수 없는 것이었다. 그러나 2012년 5월에 조정된 PFIF 1.4에서는 요미가나 등의 데이터도 다룰 수 있게 되었다.

신문사와 경찰청, 지자체에서도 자료 제공이 이어졌다

——— NHK와 휴대전화 회사 다음으로 매스미디어와 관계 기관으로부터도 자료 제공이 이어졌다. 휴대전화 회사의 자료가 추가된 것과 같은 17일에는 〈마이니치신문每日新聞〉이 안부 정보 자료를 제공했다. 이것은 대피소를 차례로 방문한 기자들이 쓴 메모를 엑셀에 입력해서 정리한 것이다.

또, 파트너십 담당인 무라이는 이 무렵부터 피해현장의 각 현경(県警)에 접촉을 취해 안부 정보 등의 제공을 요청했다. 그 후 경찰청이 정보를 취합해 22일(화) 오전 7시에는 경찰청의 안부 정보가 퍼슨 파인더에 추가되었다.

같은 날인 22일에는 〈아사히신문〉의 자료도 더해졌다. 〈아사히신문〉의 자료는 웹사이트상에 게재되어 다케우치 등은 사이트를 돌며 자료를 입수하는 스크립트를 개발했다. 〈아사히신문〉의 자료는 수만 건에 이르렀는데 그중에는 처리가 어려운 자료도 있었다고 한다. 예를 들어, 성(姓)과 이름의 띄어쓰기가 되어 있지 않은 것은 어디까지가 성인지 확실히 구별할 수 없었다. 그렇다고 멋대로 나누어버리면 틀린 경우에는 검색이 되지 않는다. 그래서 성과 이름이 구별되지 않은 자료에 대해서는 통째로 '성' 항목에 등록하기로 했다.

그 후 이와테, 미야기, 후쿠시마 등 피해를 당한 각 지역에서도 명단 자료가 엑셀 형식으로 보내졌다. 이미 자료를 처리하기 위한 스크립트는 개발이 끝난 상태이고 노하우도 쌓여 있었기 때문에 이들 자료를 퍼슨 파인더에 등록하는 데 큰 어려움은 없었다고 한다.

대피소 명단 공유 서비스는 6월에 종료되었는데, 퍼슨 파인더 자체는 그 후에도 서비스가 지속되었다. 이 시기에도 지인의 안부 정보를 확인하기 위해 입력하는 사람이 있었다고 한다. 경찰청은 10월 16일까지 안부 정보의 업데이트를 계속했다.

2011년 10월 말, 7개월 넘게 이용된 퍼슨 파인더는 조용히 서비스를 종료했다.

평상시 파트너십의 중요성

——— 동일본 대지진에서 매스미디어와 관계기관은 평상시의 절차를 간소화하는 등으로 연계해서 가능한 한 신속하고 정확한 안부 정보를 사람들에게 전달하려고 고군분투했다. 때로는 현장에서의 대담한 판단도 있었다고 한다. 여러 조직과 개인이 연계해 정보를 전달하려고 노력한 것으로 가족이나 지인의 안부를 알고 안심할 수 있

었던 사람도 많았을 것이다. 우리는 이것을 그저 비상시의 미담으로 여기는 데 그쳐서는 안 된다. 평상시부터 조직의 담당자 수준이 아니라 위 단계로부터 각 조직이 어떻게 연계해서 어떤 정보를 교환할지 서로 의사소통해 둘 필요가 있다.

정부도 이런 과제를 파악해서 2011년 12월 28일에는 총무성의 '대규모 재해 등 긴급사태에서의 통신보호 상태에 관한 검토회'가 보고서*2를 공개했다. 이 보고서에서는 '행정기관 등과 포털 사이트 운영 사업자와의 사이에서 사전에 긴급 시나 재해 발생 시의 대응에 대한 협정을 체결하여 정보제공의 구체적 순서를 공유한 후 훈련을 실시한다', '인터넷상에서 지진 재해 관계 정보가 광범위하고 신속하게 제공될 수 있도록 포털 사이트 등의 운영사업자 간에 정보를 공유한다'라는 행동 계획이 제시되어 있다.

2012년 3월 7일, 구글은 앞으로의 재해 시에 관한 새로운 대처를 몇 가지 발표했다. 그중 하나가 지자체·행정기관, 보도기관, 통신사업자, 사업주·조직 등 총 46곳 단체와의 파트너십 연계다. 예를 들어, 앞으로는 NTT 도코모(일본전신회사〈NTT〉에서 분리된 이동통신사업자로, 도코모는 '어디서나'라는 뜻 — 옮긴이) 제공의 '재해용 전언판', KDDI·오키나와 셀룰러(KDDI는 일본의 이동통신사업자로, 오키나와에서는 오키나와 셀룰러라는 합자 회사에 사업을 위탁하고 있다 — 옮긴이) 제공의 '재해용 전언판 서비스'와 구글의 퍼슨 파인더는 상호 운용이 가능해진다. 재해가 발생했을 때는 이들 전화회사의 서비스를 통해 직접 퍼슨 파인더 정보를 검색할 수 있다. 이 외에 구글이 시험 이용 목적으로 공개하는 '재해 시 라이프 라인 맵'*3에서 au(KDDI 및 오키나와 셀룰러 전화 서비스 브랜드명 – 옮긴이) 휴대전화망, 도쿄가스에 의한 도시가스 공급정지 지역, 혼다에 의한 통행실적 상황도 볼 수 있다.

조직 사이의 데이터 교환에 대해서도 검토해야 할 과제는 많다. 퍼슨 파인더의 자료 등록에서는 구글의 엔지니어가 각 조직이 보낸 자료를 변환하기 위한 스크립트를 신속하게 작성했다. 그러나 데이터 형식이 조직 내에서 사전에 어느 정도 통일되면 이런 변환 처리를 위한 수고도 줄고 데이터 등록도 신속하게 이루어질 수 있다. 물론 PFIF 같은 공통 포맷이 보급되어 대응 서비스끼리 자동적으로 데이터를 교환할 수 있게 되는 것이 이상적이다. 그러나 그렇게까지 하지 않아도 명단 자료를 표 계산 소프트에 입력할 때의 간단한 가이드라인을 조직 내에 정해두면 변환 처리가 줄어 다른 조직과의 데이터 연계도 압도적으로 편해질 것이다.

TV와 인터넷의 융합

//

동일본 대지진에서는 지금까지 예를 찾아볼 수 없는 형태로 미디어 사이에 연계가 이루어졌다. 유튜브와 유스트림에서는 TV 뉴스를 실시간으로 볼 수 있는 서비스를 제공했다.

일본 전국이 TV 뉴스에 집중했다

──────── 이번 지진 재해에서는 전에 없이 IT가 도움이 되었다는 사람이 많았다. 그러나 문자나 사진 중심의 정보만으로는 사람들이 쉽게 실감할 수 없는 면도 있었다. 갑자기 동일본을 덮친 길고 큰 흔들림 후, 사람들은 불안에 떨며 그 흔들림이 어디에서 온 것이고 어느 정도의 피해가 있었는지 알고 싶었을 것이다.

이때 지진이 얼마나 심각했는지를 사실적으로 자세하게 전달한 것은 역시 TV 방송이었다. 전기가 들어오는 가정에서는 모두가 TV 브라운관 앞에 달라붙어 있었다.

집 밖에서도 사람들은 TV 앞으로 몰려들었다. 3월 11일, JR 시부야(渋谷)역에 설치된 사이니지(공공장소나 상업공간에 설치되는 디스플레이)에는 일제히 TV 뉴스가 방송되었다. 음식점에 놓인 TV 앞에 사람들이 모여 있는 모습도 조금씩 보였다.

한편 TV 수상기가 없는 사무실이나 정전 상태의 피해현장에서는 휴대전화에 장착된 원 세그(one seg, 일본의 디지털 휴대 이동방송 서비스 명칭 – 옮긴이) 수신 기능이 도움이 되었다는 이야기를 자주 들었다.

동일본 대지진 기간에는 우리에게 익숙한 TV 방송에 더해, 일본 역사상 처음으로 TV 프로가 새로운 형태로 전송되었다. 그것은 바로 유튜브와 니코니코 동화(동영상 UCC 사이트 – 옮긴이), 유스트림 같은 인터넷 사이트의 TV 방송 서비스다.

당초 이들 서비스는 원 세그 기능이 장착되어 있지 않은 스마트폰 등에서의 시청을 목적으로 자연발생적으로 시작되었는데 해외에 있는 일본인에게도 중요한 정보원이 되었다. 국내 일본인이 불안한 시간을 보내며 TV 앞에 붙어 있던 수일 동안 해외의 일본인들도 인터넷 서비스를 통해 나오는 일본 국내 뉴스에 귀를 기울였다.

이런 방법에 의한 TV 프로 송신은 거의 모든 국민이 TV를 볼 수 있게 된 3월 25일 전후에 종료했는데, 이것은 방송국이나 각 인터넷 서비스 사업체에 있어서도 귀중한 체험이 되었을 것이다.

중학생의 용기 있는 행동이 모든 것의 시작이었다

─────── TV 방송을 그대로 인터넷으로 보여준다는 대담한 행동을 가장 먼저 한 것은 히로시마현(広島県)에 사는 당시 중학교 2학년의 14세 소년이었다. 그는 첫 흔들림이 있은지 17분 후인 오후 3시 3분, '이 화면을 인터넷으로 그대로 보여주면 도움이 되지 않을까' 하고 생각해 자신의 아이폰으로 TV 화면을 촬영하여 유스트림에 올렸다. 한편으로는 'NHK로부터 고소당하면 어쩌나' 하고 걱정이 되었지만 '도호쿠에는 나보다 불안해 하는 사람이 많다'는 생각에 과감히 행동으로 옮겼다. 이 소년의 행동은 트위터를 통해 순식간에 퍼져나갔다.

TV 뉴스 송신을 알게 된 유스트림 아시아 담당자는 순간 망설였다. 평상시라면 소년의 행동은 NHK 저작권을 침해한 '위법'으로, 즉시 정지시켜야 한다. 그러나 '정전 등으로 TV를 볼 수 없는 사람에게는 귀한 정보원이 아닐까' 하는 생각이 들었다.

출장 중인 유스트림 아시아 사장, 나카가와 도모타카는 오후 4시경 '우리 판단으로 정지하는 것은 일단 미뤄두자'고 지시했다. 그리고 NHK로부터 요청이 있었던 것만 정지하기로 했다.

사태가 바뀐 것은 오후 5시 20분경이다. NHK 홍보부 공식 트위터 어카운트인 @NHK_PR이 '유스트림으로 NHK를 볼 수 있다'는 다른 트위터 유저의 글을 올린 것이다. @NHK_PR은 '정보 감사!'라는 메시지와 함께 알려준 URL을 직접 알렸다. 이것은 말하자면, 사전

허가 없이 이루어진 배포에 NHK 홍보 직원이 동의를 한 것으로, 이 때부터 정보 확산에 불이 붙었다.

18분 후, 그래도 되느냐는 다른 유저의 질문에 @NHK_PR은 '담당자인 나의 독단적 결정이므로 이후에 책임지겠다'라고 대답했다. 그역시 TV를 보고 싶어도 볼 수 없는 사람이 있을지 모른다는 상황을 이해한 것이다. 이 NHK 홍보 직원은 한신 대지진의 피해자로, 지진의 제1차파(지진 발생시 가장 먼저 도달하는 파⟨primary wave⟩. 초기 미동을 일으킨다―옮긴이)가 도쿄에 도달하기 전인 2시 46분경의 긴급지진 속보 이후, 대지진 해일 경보 등의 중요 정보를 계속 발신했다.

오후 6시가 되자 NHK는 소년의 NHK 뉴스 프로그램 재송신을 유스트림에 허락했고, 저녁 9시경부터는 NHK가 유스트림 공식 재송신을 시작했다.

이를 전후로 하여 TBS, TV아사히, 니혼TV, 후지TV 등의 민영방송도 마찬가지로 인터넷으로 재송신을 시작했다. TV 방송국에 의한 공식 라이브 방송을 최초로 시작한 것은 TBS였다. 17시 42분에는 유스트림에서 CS뉴스 프로그램 ⟨뉴스 버드⟩를 방송했다.

유튜브도 TBS 뉴스를 송신하다

―――――― 동일본 대지진에서 TV 방송을 인터넷으로 송신한 것은 유스트림만이 아니었다. 니코니코 생방송도 NHK와 후지TV의 방송을 시작했다. 구글이 운영하는 유튜브에서도 TBS 뉴스버드를

송신했다. '유튜브 라이브'라는 라이브 스트리밍 시스템을 사용해 TBS가 방송 송신을 시작한 것이다.

TBS와의 절충을 맡은 것은 프로덕트 마케팅 매니저, 하세가와 타이다. 하세가와는 지진 발생 당시 콘텐츠 파트너(유튜브에 동영상 콘텐츠를 제공하는 기업과 개인)와의 미팅을 위해 구글 도쿄 지사 사무실이 있는 롯폰기 힐스 내부의 카페에 있었다. 그 후 지진이 발생해 엘리베이터가 멈췄기 때문에 그는 사무실로 돌아갈 수 없었다. 그는 한동안 가족의 안부를 확인하고 지진에 관한 뉴스를 보며 도쿄 사무실에 있는 동료와의 채팅으로 사내 상황을 들었다. 이후 그는 동료에게 엘리베이터가 복구되면 알려 달라고 부탁하고 회사에서 가까운 거리의 집으로 돌아갔다.

잠시 후, 동료로부터 엘리베이터가 한두 대 움직이기 시작했다는 연락을 받은 하세가와는 주위가 혼란스러운 상황 속에서 사무실로 돌아왔다. 이 무렵, 이미 재해 대응은 가동하기 시작했고 팀원들은 흥분한 상태로 논의를 하고 있었는데, 그도 여기에 끼어 사태를 파악하려고 노력했다. 여기서 퍼슨 파인더가 움직이기 시작했다는 것을 알고 그는 유튜브에서 동영상판 퍼슨 파인더를 제공하고 싶다고 생각했다. 그런데 그렇게 하려면 시간이 걸린다(실제로 형식을 갖춘 것은 일주일 후였다). 그가 '즉시 할 수 있는 더 중요한 일은 없을까?' 하는 고민을 하며 생각한 것이 유튜브를 통한 TV 프로그램 송신이었다.

하세가와는 자택 대기 중에 유스트림에서 NHK 프로그램이 송신되는 것을 보았다. 그는 '유튜브는 이미 많은 방송국과 콘텐츠 파트너 계약을 맺고 있어서 그런 곳과 협상하면 합법적으로 서비스를 제공할 수 있지 않을까' 하는 생각이 들었다. 그러자 곧바로 각 파트너 섭외 담당자에게 연락을 취했다. 앞서 말했듯이 TBS는 적극적으로 라이브 송신을 진행하여 유튜브에서도 연락을 취한 당일 바로 송신을 하는 것에 의견이 일치했다.

발 빠른 법적 판단으로 인터넷 송신을 추진하다

——— TBS와의 합의는 출발점에 불과했다. TBS의 허가를 받았다고는 하지만 이것이 법적으로 문제가 되지 않을지의 문제는 분명히 해야 했다. 하세가와는 채팅으로 법무부의 야마다 히로시와 상의했다. 야마다는 당시를 회상하며 이렇게 말했다.

"TBS의 화면을 촬영해서 그것을 그대로 유튜브에 올리자는 우리 직원의 아이디어를 처음에는 엉뚱하다고 생각했어요. (웃음) 아무래도 그건… 하고 생각했는데, 사실은 TBS의 전면적인 협력으로 스튜디오에서 버튼을 누르면 바로 시작할 수 있는 상황이었던 거죠. 그 친구를 좀 더 믿어줄 걸 그랬어요. (웃음)"

이 시점에서 야마다는 문제없다고 판단했는데, 이야기가 진행되면서 사내에서의 승인 문제도 있다는 것을 알았다. 평상시라면 유튜브의 라이브 스트리밍을 하기 위해서는 몇몇 사내 승인 단계와 계약 단계를 거쳐야 한다.

"그가 그 문제로 상의를 한 것은 11일 밤인데, 일본 시간으로 저녁

8시인가 9시경이었어요. 그때 유튜브 본사는 한밤중이라 다들 퇴근하고 없는 시간이었죠. 하세가와는 당장 시작하고 싶은데 할 수 없는 상황에서 어떻게 해야 하나 하고 고민하는 것 같았어요."

여기서 야마다는 결단을 내린다.

"원칙대로라면 사내 승인 단계가 중요하다는 것을 알고 있지만 그 때는 일단 시작할 수밖에 없다고 생각했습니다. 다음날 아침, 만일 본사에서 안 된다고 하면 그 시점에서 중지하면 되니까 일단 바로 시작하라고 했죠."

야마다는 하세가와에게 'OK. 시작하는 것에 대해서는 내가 책임지겠다'는 내용의 메일을 보냈다. 그는 "나 자신도 지금 상황에서 일본이 어떤지 자세히 알고 싶었고 많은 사람들이 실시간 정보를 원했어요. 그걸 구글이 서포트할 수 있다면 당연히 해야죠. 멋대로 TV를 찍는 거라면 위험이 크겠지만 TBS에서 승인해 준다면 괜찮을 거라고 생각했습니다"라고 말했다.

시차와 기술 문제를 극복하고 송신을 시작하다

───────── 하세가와는 야마다의 허락을 받았지만 이번에는 시차와 기술의 벽에 부딪쳤다. 지금은 당연한 것이 된 유튜브의 실시간 송신, 유튜브 라이브. 그러나 당시 해외에서는 서비스가 시작되었어도 일본에서는 아직 정식으로 시작되기 전이라 경험자가 없었다. 또, 실수가 없도록 본사 직원에게 연락을 취하려고 해도 미국은 한밤중이

기 때문에 그것도 쉽지 않았다.

구글은 미국뿐만 아니라 유럽 등에도 지사가 있고 유럽에도 우수한 엔지니어들이 많다. "유럽 쪽 엔지니어를 확인해서, 영국 지사에 있는 라이브 송신에 대해 잘 아는 엔지니어를 찾을 수 있었어요. 잠깐 동안은 어느 프리 소프트를 쓸 수 있는지, 설정은 어떻게 해야 하는지를 그 엔지니어에게 채팅으로 물어서 그걸 다시 전화로 TBS 담당자에게 전달했죠."

이렇게 해서 전화로 작업한 결과, 지진 발생으로부터 9시간이 채 지나지 않은 무렵인 3월 11일 23시 30분경에 일본 최초로 유튜브 라이브를 사용한 TBS 뉴스를 송신할 수 있었다.

하세가와는 "연결됐다 끊어졌다 하는 사고도 있었지만 TBS는 매우 협조적이었어요. 그렇게 바쁜 상황에서도 처음부터 담당자가 대응을 잘해주었죠. 매번 전화 통화를 하는 것이 아니라 1시간 넘게 통화를 하면서 작업을 진행했습니다"라고 말했다.

23시 50분에는 구글 공식 블로그 일본판에 TBS 뉴스 송신에 대한 고지가 정식으로 게재되었다. 일본 국내에서 유튜브를 이용할 경우, 화면 상단에는 얇은 띠처럼 한줄 광고 티커(ticker)가 뜨는데 여기서도 TBS 뉴스를 시청할 수 있다는 안내가 흐르도록 했다.

참고로 하세가와가 기술적 문제로 엔지니어와 연락하는 한편, 야마다도 런던의 직원과 연락을 하고 있었다. 상대는 구글 사내에서 법무관계 2인자로 통하는 유럽 법무부 책임자였다.

야마다가 하세가와에게 메일을 보낸 직후, 야마다 앞으로 "지금 말할 수 있나?"라는 채팅 메시지가 떴다. 그러고 나서 즉시 화상 회의를 시작했다. 화면 건너편에는 런던의 유튜브 간부가 회의 테이블에 앉아 "히로시, 정말 괜찮나?" 하고 물었다.

야마다는 "기본적으로는 괜찮고, 가령 내가 간과한 문제가 있어도 큰 문제가 되지는 않을 거라서 해야 한다"고 대답하자 유럽 쪽도 "그건 그렇다"고 납득해 주었다. 이후에는 유럽 법무 책임자가 "Yes, no matter what, this is the right thing to do(이것은 해야 할 옳은 일이다)"라는 개인적인 응원 메일도 보내주었다. 이 법무 책임자는 "나도 승인했으니 적극적으로 하라"며 구글 본사에도 말을 해주었다고 한다.

하세가와는 "평상시였다면 뉴스 프로를 라이브로 송신할 경우 TBS 측에서도 여러 명의 결재가 필요해 시간도 엄청 걸렸을 겁니다. 긴급 상황라는 점에서 관계자가 양해해 주었기 때문에 불과 몇 시간 만에 대응할 수 있었어요"라고 말했다.

최초의 TV 뉴스 인터넷 송신을 통해 우리는 무엇을 배워야 할까

————— 평상시라면 시간이 걸릴 사내 승인을 긴급 상황이라는 점에서 간략화하고, 누군가가 책임을 지고 가능한 한 법적 리스크를 회피하면서 서비스를 시작한다…. 유튜브뿐만 아니라 유스트림과 니코니코 동화, NHK와 TBS, 후지TV 같은 방송국에서도 3월 11일은 법률이 먼저가 아니라, 무엇이 중요한가를 기준으로 과감한 결단

이 이루어졌을 것이다.

극히 짧은 시간에 이례적인 판단을 내린 것으로 실현된 TV 뉴스의 인터넷 송신은 과연 어떤 성과를 남겼을까. 동일본 대지진에서 인터넷상 가장 뜨겁게 화제가 되었을 유스트림의 송신은 지진 발생 당일 133만 명이 시청했다. 평상시 시청자 수는 20만~25만 명이므로 이 수치는 5.2배가 증가한 것인데, 일반 TV로 봤던 사람에 비하면 한참 적은 수라고 한다.

하지만 앞서 말했듯이 TV 수상기가 없는 사무실이나 정전으로 TV를 볼 수 없는 사람, 해외에 거주하는 일본인에게 컴퓨터나 스마트폰으로 볼 수 있는 인터넷 송신은 중요한 정보원이 되어주었다. 미국과 유럽에 거주하는 일본인 지인에게 이야기를 들어보았는데, 지진 발생 후 며칠간은 컴퓨터 앞에서 일본 뉴스를 시청하며 제대로 잠을 이루지 못했다는 사람들이 많았다.

인터넷 송신과 관련해서는 그 외에도 흥미로운 시도가 몇 가지 이루어졌다. 유스트림으로 영어 프로그램을 송신하는 미에현(三重県) 욧카이치시(四日市市)의 〈요코소뉴스YokosoNews〉에서는 지진 직후 라이브 송신을 시작해 일본의 피해 상황을 영어로 알렸다. 또, 프로그램 사이사이에는 재해 관련 뉴스 소식을 영어로 동시통역해서 전달했다.

또, TV와 시청자의 관계에도 변화가 생겼을지 모른다. 유스트림 등의 서비스에서는 시청 중 프로에 대해 시청자끼리 코멘트로 대화가 가능했다. 사용자는 코멘트를 통해 '수화방송도 필요하다', '부음성(음성다중 방송 등에서 부차적으로 내보내는 음성)으로 영어를 하는 것이 좋다',

'어린이들이 불안해하지 않도록 어린이 대상의 프로를 방송하는 것이 좋다' 등등의 활발한 의견을 냈다. 그 후 NHK는 이들 의견을 차례로 실현해 인터넷에서 좋은 평가를 받았다.

트위터상에서 @yopita_가 "NHK의 대응은 정말 놀랍다. 인터넷에서 화제가 된 수화방송과 영어방송, 생활정보방송, 애니메이션방송에 대한 요구를 바로바로 응답해 방송하고, 자위대가 구조한 사람들의 수를 알려주거나 사재기를 하지 말라, 구호품을 보내거나 봉사를 할 때는 연락해서 알아본 후 행동하라 등의 정보를 방송했다. NHK, 대단하다"는 글을 올렸는데 이 글에 많은 사람이 공감해 약 350명이 '좋아요'를 눌렀고 400번 가까이 리트윗(Retweet)되었다.

NHK의 행동이 유스트림 시청자의 코멘트에 대응한 것인지 아니면 그것과는 관계없는 것인지는 알 수 없다. 그러나 시청자가 방송국에 이 정도로 친근감을 느낄 기회는 평상시의 방송에서는 거의 없기 때문에 TV와 인터넷의 미래에 가능성을 느끼게 한다.

진화한 지도가 지원의 길을 열어준다

//

피해현장 지원에서 큰 역할을 한 것이 지도 데이터다. 기업들의 발빠른 연계로 혼다 등의 카 내비게이션 시스템이 수집한 통행실적 정보를 구글 맵에서 참조할 수 있게 되었다.

통행 가능한 길을 알 수 있는 '통행실적 정보'는
주에쓰오키 지진 때 만들어졌다

——— 2011년 4월 초, 카메라맨 미쓰이 고이치는 교통망이 아직 복구되지 않은 상황에서 자동차로 도호쿠 피해현장으로 향했다. 해안 지역은 지진·해일의 영향으로 통행이 불가능한 도로도 많다. 그는 도중에 스마트폰과 태블릿 PC로 구글이 제공하는 '자동차·통행실적 정보 맵'을 확인했다.

'통행실적'은 과거 24시간 동안 그 길을 지난 자동차가 있는지 어떤지를 알려주는 정보다. 만일 주위의 도로는 차가 통과하는데 어떤 도로만 차가 통과한 흔적이 없다면 그 길은 어떤 이유로 아직 통행이 불가능할 가능성이 높다.

구글의 제품개발 전반의 책임을 맡고 있는 도쿠세이 겐타로가 IT에 관한 한 포럼에서 이런 실례를 발표했다. 게센누마(氣仙沼, 미야기현의 도시―옮긴이) 근처의 통행실적이 없는 도로를 구글 맵으로 나타낸 후, 표시를 항공사진으로 바꾸자 도로 한가운데에 거대한 배가 쓰러져 있었다(지진 발생 후 한동안 구글은 피해현장의 항공사진을 빈번하게 갱신했다). 이런 상태에서는 차가 다닐 수 없다. 자동차로 피해현장을 가려는 사람은 자동차·통행실적 정보 맵을 사용함으로써 확실히 차가 통행할 수 있는 루트를 찾을 수 있다. 이처럼 교통실적 정보는 매우 편리한데, 이것은 구글이 발명한 것이 아니다.

교통 IT화에 대한 지식이 풍부한 저널리스트인 가미오 히사시에 의하면 원래는 2003년, 혼다가 세계 최초로 자동차 제조사로서 프로브 정보(probe data, 자신이 어느 길을 얼마의 속도로 달리는지에 관한 이동정보―옮긴이)를 실용화했다. 혼다의 협력을 얻어 2006년 방재(防災) 추진 기구가 재해시 프로브 정보를 이용하는 것에 대한 연구를 한 것이 발단이라고 한다.

혼다의 통신형 카 내비게이션 '인터내비'를 이용한 회원제 서비스, 인터내비 링크 프리미엄 클럽 회원은 도로교통정보통신시스템센터에서 제공되는 고속도로와 간선도로의 교통정보를 얻을 수 있을 뿐만 아니라 일반도로의 혼잡 상태도 알 수 있다. 이 서비스에서는 프로브 정보를 PHS(Personal Handyphone System, 간이 휴대전화)와 3G통신을 경유해 '이용자로부터' 실시간으로 제공받는다. 자신도 정보를 제공하는 대신 다른 회원이 보낸 정보도 받아서 '어느 길이 얼마의 속도로 통행 가능한지'를 가시화하여 그전보다 도로의 혼잡 상태를 상세히 알 수 있었다.

가미오에 의하면 이 정보가 재해를 당했을 때 도움이 된다는 것이 입증된 것은 2007년 7월 16일, 니가타현(新潟県) 주에쓰오키(中越沖) 지진 때였다고 한다. 이때의 모습은 혼다 웹사이트[*4]에도 다음과 같이 소개되어 있다.

"지진발생 후 주행 데이터를 뽑으면 피해현장에서의 통행 가능한 장소를 대략 특정할 수 있다. 그 정보를 많은 사람이 공유할 수 있다면 통행할 수 있는 길이 보다 명확해져서 구조나 안부 확인을 위해 재빠르게 대응할 수 있다. 담당 직원은 다음 날, 플로팅 카 시스템(floating car system)으로 수집한 피해현장에서의 통행실적이 있던 도로정보를 방재추진기구에 보냈다."

혼다가 독자적으로 제공한 정보를
하루 만에 구글 서비스로 제공하다

───── 그런 혼다인 만큼 2011년 3월에 발생한 동일본 대지진 때도 재빠르게 행동했다. 3월 12일 오전 10시 30분에는 그전 24

시간 동안의 통행실적 정보를 수집해 혼다 웹사이트에 공개(구글 어스에서 열람 가능한 KMZ라는 데이터 형식)했다. 그 후, 구글은 매일 오전 10시에 최신 통행실적 정보를 제공하는 특설 페이지를 만들었다.

이것을 프리랜서 작가인 모리 가쓰히사가 같은 날 12시 19분에 트위터에 올렸고 많은 사람들에 의해 리트윗되어 알려졌다. 그런데 이 시점에서 혼다가 제공했던 정보는 파일을 다운로드해서 구글 어스 애플리케이션으로 열어야 할 필요가 있었다. 이것은 스마트폰이나 태블릿 PC로는 이용할 수 없고 오직 컴퓨터로만 볼 수 있었다. 이 상황을 안타깝게 생각한 것이 지리(地理) 관계 제품의 진두지휘를 맡은 엔지니어인 고토 마사노리였다.

고토는 시드니에서 돌아온 직후였는데 재빨리 지하철 통행 정보와 대피소 정보를 제공하는 서비스를 팀원과 개발했다. 3월 13일, 피해 현장의 위성사진을 볼 수 있게 한 다음에는 원자력발전소 위치 등의 정보를 어떻게 표시할지에 대해 검토했다.

지진 발생 직후의 주말이 지난 월요일, 예년 같았으면 화이트데이로 어수선했을 3월 14일에 고토는 '뭔가 달리 할 수 있는 일'을 찾고 있었다. "다음에 필요한 것은 구호품을 보내는 일이라고 생각했어요. 그런데 자동차가 이동할 수 없다는 말을 들었죠."

그는 혼다가 통행실적 정보를 무료로 공개했다는 이야기를 듣고 이 점에 주목했다. 혼다가 이미 구글에 연락한 사실을 나중에 알게 되었지만 이 시점에서는 엔지니어에게 자세한 내용이 전달되지 않았기 때문에 행동으로 옮길 수 없었다. 고토는 구글 어스로 통행실적 정보를 보기는 어렵다고 느끼고 스마트폰으로 쉽게 볼 수 있게 하자고 생각했다. 이런 때 보통은 모바일 프로덕트 매니저인 마키타 노부히로가 혼다에 연락을 했다. 고토는 "받은 정보를 (구글 어스가 아니라) 구글 맵 위에 그려보니 더 보기 쉬웠어요"라고 당시를 회상했다.

"당시 피해현장으로 가는 차들은 아침 8시부터 9시 사이에 가장 많았어요. 우선 인프라에 문제가 없는 장소에서 계획을 짜고 9시나 10시경에 출발해서 점심 전에 현지에 도착합니다. 이후 점심부터 작업을 하고 밤에 철수하는 흐름이라서, 오전 9시경에는 정보가 제대로 제공되지 않으면 안 됐죠."

고토는 3~4시간 동안 정보를 처리해서 프로그램의 기본 부분을 만들었는데, 그래도 에러 발생 부분이 있어서 최종적으로는 데이터와 지도에 그리는 색깔은 수작업으로 바꿔서 조정했다. 서비스의 형태가 보이기 시작했을 무렵, 고토는 법무부의 야마다 히로시와 상의했다. 타사에서 데이터를 받아 서비스를 제공하려면 원래는 계약서가 필요하기 때문이다. 고토는 승인을 받으려면 시간이 걸릴 것이라고 예상했는데 의외로 '한 번에 흔쾌히 승낙해서' 놀랐다고 한다.

야마다는 유튜브에서의 TV 뉴스 송신 가부를 판단할 때도 사람을 돕는 것을 최우선으로 고려했는데, 이때도 그 자세는 변하지 않았다. "보통은 계약서를 주고받은 후 움직이는 것이 규칙인데, 이런 긴급 상황에서 계약서를 우선했다면 우리 쪽은 물론이고 자동차 회사의 리소스도 허사가 되고 말겠죠."

야마다는 일단 상대에게 정보를 제공할 의사가 있다는 내용을 메일로 받음으로써 서비스 제공을 시작하기에 충분하다고 판단했다. 한편으로는 프로젝트 매니저인 브래드 엘리스와 상의하여 다른 안건도 포함해서 어느 파트너로부터 어떤 정보를 받았는지를 정확히 리스트화하여 나중에 대응할 수 있도록 관리하기로 했다.

야마다는 "나중에 (계약서가) 필요하다면 그때 생각하기로 했죠. 미국 본사에도 '도쿄의 상황은 이렇다, 시간이 중요하니 괜찮다면 이렇게 할 수 있게 해달라, 계약서를 비롯해 건너뛰는 부분도 있지만 이해해 달라'는 내용의 메일을 보냈더니 그런 접근에 대해서는 'I fully support(그것으로 됐다)'라고 답을 주었어요"라고 말했다.

유튜브에서의 TV 뉴스 송신은 이렇게 예상 밖의 빠른 진행으로 작업을 시작한 당일 곧바로 서비스로 공개되었다.

휴대전화와 ITS에도 대응하다

―――― 서비스를 제공하고 1~2일이 경과했을 무렵, 고토팀의 팀원 두 명이 "그런데 휴대전화로 볼 수 없으면 피해현장에서는 쓸 수 없지 않을까?", "휴대전화로도 볼 수 있게 하는 서비스가 필요하지 않을까?" 하고 의문을 던졌다. 이 질문에 고토도 동의하여 "맞는 말이네. 누구 해줄 사람?" 하고 되묻자 처음 말을 꺼낸 두 사람이 바로 작업에 착수하게 되었다. 이 서비스는 그 주 안에 완성되었다.

다음 주에는 통행실적 정보제공원도 변경되었다. 그전까지는 혼다에서 이 자료를 받았는데 특정비영리활동법인인 아이티에스 재팬

(ITS Japan)이 자료를 제공하게 된 것이다. ITS(Intelligent Transport Systems, 지능형 교통시스템)란 사람과 도로와 자동차 사이에서 정보를 주고받아 도로교통이 안고 있는 사고나 혼잡, 환경대책 등 다양한 과제를 해결하기 위한 시스템이다. 이 단체가 제공하는 정보에는 혼다를 비롯해 도요타, 닛산의 정보도 포함되어 있다. 즉, 혼다와 그 자료를 이용하는 파이오니아사의 카 내비게이션을 탑재한 차가 통과하지 않아도 도요타나 닛산 차가 지나가면 통행실적을 알 수 있는 것이다.

이 서비스를 가장 많이 사용하는 사람은 어떻게든 지원을 하기 위해 도호쿠 지방 해안 지역의 피해현장으로 가는 사람들이었다. 실제로 그런 사람들 사이에서는 이 정보가 도움이 되었다는 소리를 자주 들었다.

앞서 등장한 카메라맨 미쓰이 고이치처럼 IT 지식이 풍부한 사람이라면 자신이 직접 교통실적 정보를 찾아서 피해현장으로 갈 수도 있고, 그렇지 않아도 주위에 IT에 대해 잘 아는 사람이 있으면 정보를 활용할 수 있다.

자신도 지진으로 집을 잃었으면서 센다이에서 사람을 모아 피해현장 지원활동을 펼친 와타나베 가즈마도 이 정보를 활용한 사람 중 하나로, "정말 도움이 됐다"고 말했다. 그는 피해현장에 필요한 물자를 전달하는 동료들에게 인쇄된 교통실적 정보 맵을 건네주고, 휴대전화가 터질 경우에는 전화로 "그 길은 지날 수 없다"고 지시했다.

최근에는 이런 통행실적 정보를 구글 서비스에 의존하지 않아도 통신 기능을 탑재한 카 내비게이션으로도 확인할 수 있게 되었다. 아직 주류를 이루고 있는 DVD-ROM과 하드 디스크 드라이브로 도로정보를 참조하는 방식인 카 내비게이션으로는 이용할 수 없지만 "2010년 이후 급속이 보급되는 통신형 카 내비게이션으로는 사용자 측의 주행실적 자료를 수집·공유하는 것이 주류가 되고 있다"(가미오)고 한다.

"특히 눈에 띄게 성장한 것이 휴대전화와 스마트폰 애플리케이션을 사용한 카 내비게이션 서비스입니다. 이것들은 지도 제공과 루트 계산을 클라우드(데이터를 인터넷과 연결된 중앙컴퓨터에 저장해서 인터넷에 접속하기만 하면 언제 어디서든 데이터를 이용할 수 있는 것)상에서 실행하기 때문에 '모바일 통신을 이용해 항상 사용자의 단말기와 연결하는 것'을 전제로 하죠. 그래서 사용자가 주행실적 자료 등의 프로브 정보를 수집하기 쉽다는 특징을 갖고 있습니다. 반면에 기존의 고정형 카 내비게이션도 2010년 이후는 주요 고속도로와 간선도로들이 새로 개통되고 있어서 적절한 시기에 '지도 업데이트'를 할 수 있는 통신 기능 내장이 주류를 이루고 있습니다. 이쪽도 처음부터 통신 기능이 내장되어 있어서 프로브 시스템이 기본 기능으로 준비되어 있죠. 2010년대 카 내비게이션은 인터넷으로 연결되는 클라우드화를 전제로 해서 어떤 형태든 통신 기능이 내장되어 있습니다. 그래서 다양한 방면에서 프로브 정보의 활용이 활발해질 겁니다." (가미오)

Google Crisis Response 자동차·통행실적 정보맵
a google.org project

아래 지도 중에 검은색으로 표시된 도로는 전일 0~24시 사이에 통행실적이 있었던 도로를, 회색은 같은 기간에 통행실적이 없었던 도로를 나타냅니다. (자료 제공: 혼다 기술연구공업주식회사)

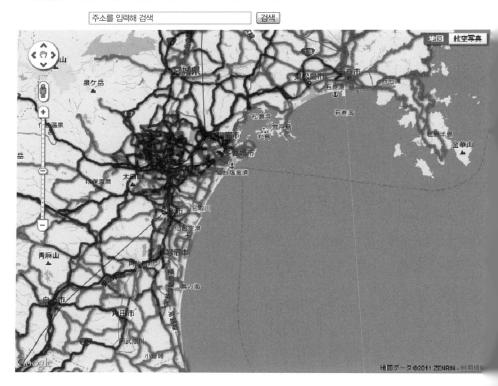

이 자동차 통행실적 정보맵은 피해현장 역내에서의 이동에 참고가 되는 정보를 제공하는 것을 목적으로 하고 있습니다. 단, 개인이 현지로 이동하는 것은 계속적인 구조, 지원활동을 방해할 가능성이 있으므로 주의해 주십시오.

이 지도는 구글이 혼다 기술연구공업주식회사로부터 제공받은, 혼다가 운영하는 인터내비 프리미엄 클럽과 파이오니아가 운영하는 스마트 루프가 작성한 통행실적 정보를 이용해 작성·표시합니다. 혼다는 24시간마다 통행실적 정보를 갱신할 예정으로, 구글은 갱신 후의 정보를 받은 후 가급적 신속하게 정보를 반영할 예정입니다.

또한 통행실적이 있는 도로라도 현재 통행할 수 있음을 보장하는 것은 아닙니다. 실제 통행상황은 이 지도와 다른 경우가 있습니다. 긴급교통로로 지정되는 등 통행이 제한될 가능성도 있습니다. 사전에 국토교통성, 경찰, 동일본 고속도로주식회사 등의 정보를 확인하십시오.

자동차·통행실적 정보맵에서는 혼다로부터 제공받은 자료를 구글 맵에 표시했다. 화면의 검은색은 전날 0~24시 사이에 통행실적이 있었던 도로를 나타낸다.

해외 구조대에 오프라인판 구글 어스를 제공하다

──────── 대규모 자연재해가 발생한 직후라면 주위에서 피해현장으로 들어가 구조 활동을 펼쳐야 한다. 이때 중요한 것이 지도 정보로 이것은 자동차에 한정된 이야기가 아니다. 사실, 구글은 동일본 대지진 때 미국에서 배를 타고 피해현장으로 향하는 구조대를 위해 특별 지도를 제공했다. 다른 기업과의 협상을 담당하는 무라이 세쓰토는 지진이 발생했을 때 한 회사와 계약을 체결하기 위해 오키나와에서 차로 고속도로를 이동 중이었다. 거래처에 도착하자 그는 TV에서 지진·해일 뉴스를 보고 심상치 않다고 직감했다.

머지않아 그는 구글 미국 본사로부터 '미국 캘리포니아와 버지니아 구조대가 즉각 일본으로 향한다'는 연락을 받았다. 인명구조는 48시간 이내가 가장 중요하기 때문에 긴급상황으로 움직이는 것이다. 이런 구조대는 현지 지리를 알 수 없어서 지리 정보가 매우 중요하다. 최근에는 컴퓨터를 갖고 있어서 오프라인으로 사용할 수 있는 구글 어스 특별판을 표시해 모두 '이곳으로 간다'라는 핀을 세워 구조작업을 하는 경우가 많다. 특히 이번은 지진·해일로 모든 것이 파멸 상태였기 때문에 어디에 집이 있고 어디에 길이 있는지 전혀 알 수 없었다. 그것을 보완한 것이 지도와 위성사진과 위치정보였다. 정확하게 생존자를 발견하기 위해서는 이들 정보가 가장 중요했다.

구글이 제공하는 위성사진과 항공사진, 지도에는 구글 이외의 정보에 의존한 것도 있다. 예를 들어, 지도는 주식회사 젠린(ZENRIN, 일본의 지도 기업―옮긴이)의 것을 사용하고 위성사진과 항공사진의 일부는 국제항업주식회사(国際航業株式会社)의 정보를 사용했다. 그러나 이것은 전부 인터넷을 통해 사용하도록 계약해서 온라인, 즉 인터넷이 연결되지 않는 환경에서는 이용할 수 없다.

협상 담당인 무라이에게는 이에 대한 해결이 급선무로 하루를 넘기지 않고 당장 허가를 받아야 했다. 그는 서둘러 도쿄로 돌아가려고 했지만 비행기가 뜨지 않아서 꼼짝도 할 수 없었기 때문에 오키나와 호텔에서 전화로 젠린데이터컴의 사장, 국제항업 간부와 직접 대화를 해서 "갑자기 이런 상황이 되었다. 이 정도에 한해 오프라인에서도 이용할 수 있도록 해달라"고 협상해야 했다.

사장이라고 해도 이런 판단은 경영회의를 거쳐야만 한다. 그래서 젠린데이터컴의 사장은 이튿날 경영회의를 거쳐 "이번은 때가 때인 만큼 바로 이용하십시오. 그 후의 이용방법에 대해서는 구글의 무라이 씨에게 일임하겠습니다" 하고 전화를 걸어주었다. 이것이 무라이에게 있어 최초의 재난 대응이 되었다. 이렇게 해서 구조대에게 일본 정보에 대응한 오프라인판 구글 어스가 넘겨졌고 무사히 피해현장으로 향할 수 있었다.

피해현장의 위성사진을
전달하다

//

'지진·해일이 어디까지 덮쳤을까?'

'우리집이 휩쓸려나가지는 않았을까?'

지진 발생 직후, 가족과 지인이 피해현장에 있는 사람들은 엄청난 불안과 공포에 떨어야만 했다. 구글은 인공위성과 비행기에서 찍은 사진을 제공해서 이러한 사람들의 불안을 조금이라도 덜어주려고 노력했다.

위성사진에 기록된 센다이 공항의 복구

———— 유튜브에서 '센다이 공항'을 검색하면 주차장에 주차되어 있던 차들과 활주로 위의 헬리콥터가 지진·해일에 휩쓸려가는 믿을 수 없는 영상을 볼 수 있다.

그러나 지금 구글 어스 애플리케이션으로 센다이 공항을 표시해 보면 제대로 기능하고 있는 것을 알 수 있다. 이 상태에서 화면상의 '시계' 아이콘을 클릭하면 '시간 슬라이더'가 나타난다. 이것은 시간을 되돌려 과거 위성사진을 표시하기 위한 기능이다.

이 원고를 집필하는 시점에서 표시되어 있는 사진은 2012년 4월 12일 시점의 것인데, 슬라이더를 오른쪽에서 3분의 1지점까지 되돌리면 2009년 8월 14일, 짙은 색깔의 선이 활주로에 그려진 예전의 센다이 공항이 모습을 나타낸다.

여기에서 오른쪽 화살표를 클릭하면 이번에는 지진 발생 직후인 2011년 3월 12일의 센다이 공항 상공이 나타난다. 공교롭게도 이날 센다이는 두꺼운 구름으로 뒤덮여 위성사진에서 공항의 모습을 전혀 볼 수 없다. 그러나 또 한 번 오른쪽 화살표를 클릭하면 3월 13일로 바뀐다. 옅은 구름 사이로는 활주로의 선도 완전히 사라지고 어디가 주차장이었는지 알 수 없게 완전히 변해버린 공항이 나타난다.

다시 클릭해서 3월 14일로 가면, 하늘이 맑아서 피해를 당한 공항 모습이 고스란히 나타난다. 17일에는 쓰레기가 정리된 건지, 다시 그려진 건지 활주로의 선이 나타난다. 24일에는 군용기처럼 보이는 비행기가 2대 서 있다. 27일이 되자 비행기는 찾아볼 수 없는데 주차장에 많은 차들이 주차해 있어서 공항에서 뭔가가 일어나고 있다는 것을 짐작할 수 있다. 4월 6일에는 편수가 적은지 역시 비행기의 모습은 없지만 공항의 활기는 느낄 수 있다.

구글 어스에서 우리가 본 위성사진은 보통 수년에 한 번 꼴로 갱신

된다. 기술이 발달하면 더 빈번하게 갱신할 수 있을지 모르지만 적어도 현시점에서는 주요 도시에서도 1년에 2~3번 정도 갱신이 이루어진다.

그러나 동일본 대지진 발생 후 1~2개월은 놀랄 만큼 잦은 빈도로 갱신되었다. 그 후 3월 31일부터는 위성사진 이상으로 상세하게 확인할 수 있는 선명한 항공사진(인공위성이 아닌 비행기에서 촬영한 사진)도 제공되기 시작했다.

이용자는 높은 화상도와 잦은 빈도로 갱신된 상공(上空)사진을 보며 많은 정보를 얻을 수 있다. 이미 소개했듯이 '차가 이 도로를 전혀 통과하지 않은 것은 도로 한가운데에 지진·해일로 밀려온 배가 막고 있기 때문이다'라는 사실도 상공사진으로 현지에 도착하기 전에 알 수 있다. 또, 도호쿠 해안지역에 있는 지인의 집이 지진·해일에 쓸려가지 않았는지 위험을 무릅쓰며 직접 찾아가지 않고도 이를 통해 확인할 수 있다.

'지오아이'와 연계해 위성사진을 준비하다

───────── 지진 발생 직후부터 대량의 위성사진과 항공사진을 제공하기 위해 분주히 움직인 중심인물 중 하나가 센다이 출신으로 구글 미국 본사에서 근무하는 가와이 게이이치다. 2010년 11월까지 구글 맵 일본 책임자로서 일본의 매스컴에도 자주 등장한 그는 지진 발생 4개월 전에 스트리트 뷰 글로벌 담당으로 발령이 나서 미국 본

사로 부임했다.

　미국 시간으로 3월 10일 밤, 가와이는 자택 컴퓨터로 인터넷 뉴스를 확인하고 있었다. 지진이 발생하자 즉각 회사 동료로부터 내용을 전달하는 메시지 연락이 왔다. 그는 수일 전 센다이에서 지진이 일어났을 때 본가에 전화를 걸어 무사한 상태를 확인했기 때문에 이번에도 그리 크게 걱정하지 않고 있었다. 그러나 '도쿄도 심하게 흔들린다'는 일본 직원의 채팅 글을 통해 사태의 심각성을 알게 되었다. 이후 서둘러 본가에 전화를 했는데 연결이 되지 않았다. 여러 번 시도 끝에 그는 겨우 부모님과 통화해서 안부를 확인할 수 있었다. 그때부터 가와이는 민첩하게 움직이기 시작했다.

　위성사진, 항공사진을 담당하는 동료인 케빈 리스는 지진이 발생하자 바로 가와이에게 메일을 보내 항공사진 촬영을 제안했다. 아이티 지진 때 리스는 항공사진을 제공한 경험이 있다. 아이티에는 항공사진을 촬영하는 기재와 설비도 없었던 터라 아이티 국민뿐만 아니라 정부도 크게 환영했다. 그러나 일본은 굳이 구글이 아니어도 항공사진을 촬영하는 회사도 있고, 또 비행 허가를 얻기 위해서는 그만큼 시간이 걸린다는 문제가 있었다.

　가와이는 항공사진을 마련하는 한편, 즉시 대응할 수 있는 위성사진 준비에 착수했다. 구글 맵과 구글 어스에 위성사진을 제공하는 지오아이사에 연락하자 지진 발생 다음날 곧바로 사진이 도착했다.

　"아마 일본인으로는 그 위성사진을 본 것이 내가 처음이었을 거예요. 정말 충격적이었습니다. 처음 도착한 것은 후쿠시마 사진이었어요. 후쿠시마는 원자력 발전소 문제도 있었기 때문에 매스컴에서도 사진 요구가 가장 많았던 지역입니다. 내 경우에는 처가가 후쿠시마현 미나미소마시(南相馬市)라서 무엇보다 지진·해일이 걱정되었죠. 트위터를 비롯해 일본 인터넷 정보를 보든 CNN 등의 미국 매스컴을 보든 혹시 미나미소마가 지진·해일로 없어진 게 아닐까 하는 두려움에 빠져서 몹시 불안한 마음으로 사진을 보았습니다. 그런데 보통은 절대 파도가 오지 않는 곳까지 물이 들어온 거예요. 더욱 불안한 마음으로 처갓집을 찾아봤는데 다행히 무사했어요. 전화도 연결되지 않아서 가족이 어디 있는지는 알 수 없었지만 일단 집이 무사한 것을 보고 정말 안심했습니다."

구글 어스로 최신 상황을 전달하다

─────── "지오아이의 사진은 자동적으로 나에게 보내지기 때문에 그것을 계속 모니터했습니다. '오늘은 이 지역을 보내왔는데 구름이 많아 확인이 어려우니 올리지 말자', '오늘은 맑으니까 이건 올리자', '구름이 20% 정도는 괜찮을 것 같으니까 올리자' 하는 식으로 애매한 사진에 대해서는 내가 게재 여부를 판단했습니다."

여기서 가와이를 딜레마에 빠뜨린 것이 있다. 피해현장에 지인이 있는 사람은 한시라도 빨리 피해현장의 상황을 알고 싶을 텐데 구글 어스(의 본체 데이터)와 구글 맵에 상황을 반영하는 데는 나름 시간과 수고가 소요된다는 점이었다.

동일본 대지진 기간 동안 구글 어스는 서비스 개시 이래 최대 규모로 접속이 폭주했는데 거뜬히 정상운영되었다. 그 정도로 안정된 서비스인 만큼 이면의 시스템은 매우 복잡하다.

"구글 맵과 구글 어스의 인프라는 상당히 규모가 커요. 위성사진도 큰 데이터라서 파일을 복사한다고 끝이 아니에요."

그렇지만 이것은 사람들에게 필요한 정보라서 한시라도 빨리 알리고 싶었다. 그래서 가와이는 3가지 방법을 취하기로 했다.

첫째, 과거의 재난대응에서도 이루어졌던 KML(Keyhole Markup Language)로 제공하는 방법이다. KML이란 구글 어스에 정보를 덧씌워 표시하기 위한 파일이다. 구글 어스에 직접 표시되는 위성사진의 갱신은 어렵지만, KML 공개 자체는 그다지 어렵지 않은 일이다. KML 파일은 재난대응 특설 사이트와 구글 공식 블로그 일본판에서 다운로드할 수 있게 했다. 그러나 KML을 다운로드해서 구글 어스 애플리케이션으로 여는 것은 컴퓨터 조작에 익숙하지 않은 사람에게는 쉽지 않은 일이다.

그래서 두 번째 방법으로 선택한 것은 사진 공유 서비스인 '피카사 웹 앨범' 이용이었다. 위성사진을 세분화하여 피카사 웹 앨범에 공개한 것이다. 이들 세분화된 위성사진에는 해외 매스컴도 이용할 수 있도록 지명의 영어표기가 더해졌다. 그러나 피카사를 사용한 이 방법에도 문제는 있었다. 피해현장 상황을 확인하려는 사람은 먼저 지도로 특정 지역을 표시한 후에 상세한 사진을 보려고 할 것이기 때문이다.

구글 맵의 마이 맵에서 위성사진을 불러내다

——————— 이 요구에 응할 수 있는 세 번째 방법으로 가와이가 찾은 것은 마이 맵 기능을 사용한 정보제공이었다. '마이 맵'은 구글 맵의 한 기능으로, 사용자가 지도상에 자유롭게 표시할 수 있다. 한 포인트를 핀으로 나타내거나, 특정범위를 도형으로 묶을 수 있다.

가와이는 위성사진에 찍힌 범위를 사각형으로 묶어서 이것을 클릭하면 해당 부분의 위성사진이 웹 브라우저상에 표시되도록 했다(구글 어스 플러그인〈Google Earth Plugin〉이라는 시스템에 의해 해당 KML 파일의 위성사진이 웹브라우저상에 표시된다). 이 방법은 원래 구글의 런던팀이 영어로 작업을 시작한 것이다. 이것이 도움이 될 거라고 생각한 가와이는 다른 작업을 하는 틈틈이 일본어 마이 맵을 만들기 시작했다.

"원래는 회사의 공식 어카운트를 만들어 정보를 제공해야 했는데 그런 것을 의논하고 단계를 밟는 시간도 아까웠어요. 나는 개인 어카운트로 맛집 맵을 만들어 공유해 왔는데 같은 어카운트로 피해현장 위성사진의 마이 맵을 공개했습니다. 그전까지는 나의 마이 맵 액세스는 고작해야 수백 회 정도였는데 이 위성사진은 표시횟수가 500만 번 가까이 되고, 코멘트도 많이 달렸어요. 개인 어카운트였기 때문에 친척 아저씨의 '잘 지내니?' 하는 인사말도 있었죠. (웃음)"

가와이가 처음에 마이 맵으로 제공한 사진은 위성사진에서 잘라낸 것들이었지만, 그래도 사람들의 관심은 매우 높았다. 가와이는 이렇게 말했다.

"어떤 가공도 하지 않았기 때문에 오히려 널리 사용될 수 있었던 것 같습니다. 많은 사람이 '아, 병원은 쓸려가지 않았구나', '이웃 아저씨 집은 무사하네' 등등을 확인할 수 있었던 거예요. TV의 영상을 수동적으로 보는 것과 달리 사용자가 직접 주소를 입력해서 사진을 보는 것, 그리고 사용자 한 사람 한 사람에 대해 관련 정보를 제공할 수 있다는 것은 엄청난 일이란 걸 다시 한 번 실감했습니다. 후쿠시마만 해도 모두의 관심이 높은 것은 원자력 발전소만이 아닌 걸 알게 해주었죠."

많은 사람이 마이 맵의 코멘트 기능을 통해 이 첫 체험에 대한 감상을 남겼다. 감사의 말 외에 관심 있는 지역에 대한 요구도 많았다. 개중에는 친척이 입원한 병원의 모습이 알고 싶다는 구체적인 요구도 있었다. 자신의 본명과 이메일 주소를 입력하면서까지 정보를 원하는 사람도 적지 않았다. 이들 코멘트에 대해 가와이도 힘껏 답을 주려고 노력했다.

"날씨와 여러 사정에 따라 모든 요구에 응하는 것은 어렵지만 담당 팀에 최대한 전달하겠습니다. 추가 화상도 들어오는 대로 여기 코멘트 란으로 알리겠습니다"라는 답을 비롯해 새로운 사진이 더해질 때마다 열람자와 마음을 담은 대화를 나눴다.

가와이는 구글 맵의 마이 맵 기능을 사용해 지도에서 해당하는 위성사진을 불러낼 수 있도록 했다.

정밀한 항공사진을 입수하다

//

　훨씬 높은 상공을 도는 인공위성에서 찍은 사진보다는 비행기에서
촬영한 항공사진이 정밀도가 높아 피해현장 상황을 더욱 자세히 파
악할 수 있다. 구글은 위성사진에 이어 항공사진을 제공하도록 준비
했다.

　항공사진으로 피해현장의 상황을
　보다 자세히 파악하다

　————— 케빈 리스는 구글 미국 본사에서 구글 맵과 구글 어스
에 사용되는 위성사진과 항공사진을 담당하고 있다. 그는 동일본 대
지진이 발생하자 미국 본사에서 근무하는 가와이 교이치에 연락해
피해현장 위성사진을 촬영하기 위한 비행기를 준비하라고 권했다.

저공하는 비행기에서 촬영한 항공사진은 위성사진보다 해상도가 높아 더 선명하다. 동일본 대지진 이전에는 2010년 1월에 발생한 아이티 대지진 때도 구글의 항공사진이 활용되어, 구조를 위해 배로 이동한 군대가 정박지를 찾는 데 크게 도움이 되었다.

"구글의 항공사진은 특별히 개발된 카메라로 촬영하고, 처리에 사용하는 컴퓨터도 세계 최고 수준입니다. 또, 일반적인 항공사진에서는 어쩔 수 없이 수동으로 처리할 수밖에 없는 처리가 자동으로 이루어지는 것이 강점이죠. 또한 공개 데이터는 세계 어디서나 쉽게 접근할 수 있어서 다양한 응용이 가능한 상태로 제공하고 있습니다"라고 리스는 자신감을 보였다.

가와이에 의하면 "다른 항공사진과 비교해도 구글의 항공사진은 한 번의 비행으로 촬영할 수 있는 지역이 넓다"고 한다.

국가나 민간기업에 의존하지 않고 독자적으로 촬영하다

─────── 가와이는 비행기를 준비하는 동시에 구글 도쿄 지사의 후지이 고이치로에게 연락했다. 후지이는 정부와의 협상이나 정책에 관한 안건 같은 대정부활동을 담당하고 있다. 그는 지진 발생 직후에 채용 면접을 하고 있었는데 면접 상대를 귀가시킨 후 회사에서 도보로 이동이 가능한 집으로 돌아갔다. 가와이로부터 채팅으로 연락이 있었던 것은 그때였다.

"가와이는 비행기를 띄워서 사진 찍고 싶다고 했어요. '이런 난리

통에 무슨 말인가. TV를 보고도 상황을 모르는 건가?' 하는 생각에 처음에는 무리라고 대답했죠. 그런데 가와이가 물러서지 않아 귀를 기울여보니 피해현장 상황을 좀 더 빨리 파악해 세계에 알리는 것이 구글의 미션이라고 하더군요."

이것을 계기로 후지이도 24시간 태세로 재해 대응에 나서게 되었다. 국토교통성의 국토지리원에 말을 꺼내보니 국토지리원도 이미 항공사진 촬영 준비를 하고 있었고 수일 이내에 웹 페이지에 공개할 예정이었다. 그러나 구글 맵과 구글 어스로 이용할 수 있는 정밀한 데이터를 제공받기 위해서는 더욱 시간이 걸린다는 것을 알았다.

후지이는 사진을 입수할 수 있는 방법을 문의하기 위해 여러 차례 메일과 전화로 국토지리원에 접촉했는데 이곳의 항공사진을 입수해 활용하려면, 어쩔 수 없이 '측량성과(測量成果)의 복제 및 사용'이라는 웹 페이지[*5]에서 신청서를 다운로드해 반송용 우표를 붙여서 우편으로 보낸 후 최대 2주일을 기다려야 한다는 것을 알았다.

이래서야 피해현장의 현재 상황을 궁금해 하는 사람들과 구조를 위해 피해현장으로 향하는 사람들을 위해 간단히 이용할 수 있는 사진을 최대한 빨리 제공하고 싶다는 가와이의 요청에 응해줄 수 없었다.

파트너십 담당인 무라이 세쓰토도 '아무튼 빨리 제공하는 것이 중요하다'라는 신념하에 국토지리원과의 협상과 병행해 항공사진을 제공하는 기업에 연락하여 수속 등을 알아봐 주었다. 그러나 이들 회사가 소유하는 비행기는 정부의 목적을 위해 이미 예약이 완료된 상태였다.

이런 경험을 거친 무라이는 "유사시 어떤 과정이 필요한지 검토하여 구글도 사전에 참가해 두어야 했다는 것을 이번에 깨달았다"고 말한다.

후지이는 그 후도 국토지리원과 연락을 계속했다. 그러나 국토지리원은 상대방의 요구에 대해 통상적으로 응한다고는 하지만 수속의 간결화와 신속화를 꾀할 수 있는 가망이 없었다. 그래서 그는 13일 아침, 더 이상 협상을 계속하기보다 구글이 독자적으로 준비한 비행기로 항공사진을 찍는 것이 빠르다고 판단하여 가와이에게 알렸다(국토지리원은 도중에 협상이 중단되었다고 인식했다. 그것은 구글에서 이상과 같은 판단을 했기 때문이다. 칼럼 참조).

구글 쪽에서 직접 비행기를 준비한다는 방침을 굳혔지만 그것을 실현하기 위해서는 항공 당국 등과의 절충이 필요했고 또 시간이 걸렸다. 결국 첫 비행기가 센다이 상공을 날게 된 것은 그로부터 2주일 후인 3월 27일이었다. 그동안 후지이는 언제 올지 모를 가와이와 정부기관의 연락을 놓치게 될까 봐 걱정되어 지하철도 타지 못하고 어디를 가든 택시를 이용해 지상으로 이동했다고 한다.

후지이는 그 후도 대피소 정보, 봉사자 정보, 지원물자 정보, 계획 정전 정보 등 온갖 정보를 웹으로 구현시키고 재배포 사이트 게재에 대해 각 정부기관과 국제기관, 인프라 기업 등과의 연계 절충에 애썼는데 무라이도 말했듯이 '평소에 필요한 정보의 정리와 사전 프로세스 책정을 해두는 것이 중요하다'는 것을 통감했다고 한다.

또, 지진 발생으로부터 1년이 지난 2012년 3월에 정부는 'IT 방재 라이프라인 추진협의회'를 설치했고 후지이도 여기에 참가하게 되었다. 같은 해 6월, 협의회가 발표한 'IT 방재 라이프라인 구축을 위한 기본방침 및 액션 플랜'에도 동일본 대지진에서의 경험이 다수 포함되어 있다.

27일 첫 비행 후, 연속해서 복구 경과를 기록하다

───── 3월 27일, 센다이에는 구름이 깔려 있었지만 구글 맵과 구글 어스로 이용 가능한 사진을 촬영할 수 있었다. 이 비행기는 4월 1일까지 거의 매일 비행했고 그 후 날씨가 좋지 않아 한동안 촬영을 중단했는데 5일에는 2회에 걸쳐 비행했다. 6일에도 촬영을 했고 마지막은 10일에 미야코시(宮古市)를 촬영하는 것으로 일단락했다. 지속적으로 사진을 촬영한 것은 지진 발생 후 복구 등을 포함한 경과를 확실하게 기록해 후에 돌아볼 수 있도록 하기 위해서였다.

공중에서 지상을 촬영하는 비행기가 하루 촬영을 마치고 비행장에 착륙하면 구글 직원이 차로 마중 나와 촬영한 데이터를 구글 도쿄 지사 사무실로 가져갔다. 그리고 회사에 도착하자마자 바로 처리를 시작했는데, 몇 번인가는 지하철을 이용한 적도 있었다.

다른 항공사진과 비교하면 구글의 항공사진 처리 과정은 수작업이 크게 적은데, 리스는 그것을 더욱 간략화하기 위해 동일본 대지진의 공중촬영 전용 스크립트(간이 프로그램)를 만들었다.

구글 맵의 항공사진 촬영 시스템은 화상(畵像) 등의 처리를 간단히 할 수 있지만 이번 경우에는 그런 방법으로 되지 않았다. 최대 도전은 지진으로 인해 지면이 크게 움직여버렸다는 점이었다.

항공사진 데이터 작성에서는 지상에 위치한 GPS(인공위성 자동위치측정시스템) 전자기준점의 위치정보가 중요하다. 그러나 이 기준점이 지진으로 1.8~3.5m 정도 위치에서 벗어나버렸다. 이래서는 구글 맵과 구글 어스상에 항공사진을 제대로 배치할 수 없었다.

그래서 리스는 위성에서 보내오는 위치정보를 토대로 '정밀단독측위(Precise Point Positioning)'라는 계산법을 사용해 기준점의 오차를 계산하여 구글 맵상에 일본의 새 지형을 그려낼 수 있도록 노력했다.

3월 27일부터 촬영이 시작된 도호쿠의 항공사진은 31일에 공개할 수 있는 형태로 완성되어 구글 어스와 구글 맵의 항공사진 레이어로 공개되었다. 이 항공사진은 구조단체와 지방자치단체 등의 현지 지원 활동에 활용되었는데, 지자체의 이재(罹災. 재해를 당함)증명서 발행, 보험회사의 신속한 지불, 봉사자들이 현지로 이동할 때의 사전 상황 파악 등 다양한 형태로 활용되었다.

위쪽이 센다이역 위성사진, 아래쪽이 항공사진이다. 항공사진에서는 차 한 대, 한 대를 또렷이 눈으로 확인할 수 있다.

국토지리원의 '구니카제'가 촬영한 데이터

국토지리원의 항공사진과 지도 데이터도 지자체와 소방청, 경찰, 자위대 등에서 널리 이용되었다. 국토지리원 소유의 비행기 '구니카제'에는 항공사진 촬영용 카메라 외에 항공 레이저와 고성능 영상레이더(SAR)가 탑재되어 있다. 항공 레이더 측량은 지상에 조사(照射)한 레이저가 반사하기까지의 시간차를 확인하는 수법으로, 지표의 표고(標高)데이터를 정밀하게 측정할 수 있다. 고성능 영상레이더는 마이크로파를 이용하기 때문에 구름의 영향을 받지 않고 촬영할 수 있으며 담수(湛水) 상황을 조사할 수도 있다. 즉, 어디까지 지진·해일이 덮쳤는지 확인할 수 있다.

항공사진 촬영은 고도 2,000~2,700m 상공에서 이루어졌는데, 구니카제는 거기에 더해 해안을 따라 150~300m 저공으로 비행하며 대각선 방향의 사진촬영도 한다. 이 '대각선 사진'은 바로 위에서 찍은 사진보다 건물의 붕괴 상태를 알기 쉽다는 이점이 있어서 후쿠시마 제1원자력발전소도 이 방법으로 촬영했다.

이렇게 해서 촬영된 항공사진은 디지털 데이터 외에 종이로도 제공되었다. 전기와 통신이 끊긴 피해현장이 많아서 이런 곳에는 컴퓨터를 비롯한 전자기기를 이용할 수 없었다. 국토지리원과 주식회사 키모토(Kimoto, 기능성 필름 제조사 - 옮긴이)는 대형 프린터로 항공사진을 인쇄해 지자체 등에 배포했다.

국토지리원이 촬영한 항공사진은 그 후 매피온(Mapion, 일본의 지도 정보 서비스 - 옮긴이)사의 지도 서비스를 사용해 참조할 수 있게 되었는데, 구글 서비스를 통해서는 열람할 수 없었다. 국토지리원 측은 구글로부터 지진 발생 직후부터 연락을 받았지만 그 후 도중에 연락이 끊겼다고 인식했다. 구글 측에서는 앞서 말한 것처럼 국토지리원의 수속이 신속하게 이루어질 전망이 없다고 판단했기 때문에 독자적으로 항공사진을 촬영하는 방향으로 선회했다.

자원봉사자와의 공동작업으로
만들어낸 생활지원 사이트

//

지진 피해현장은 수도, 가스 등의 인프라가 큰 타격을 받아 사람
들은 급수와 식사 제공, 주유(注油) 정보를 원했다. 자원봉사자가 만든
사이트를 토대로 구글은 '피해현장 생활지원 사이트'를 구축하고 정
보를 제공했다.

휴대전화 사용자에게 유용한 정보를 제공하다

――――― 동일본 대지진으로 인해 피해현장의 주민들은 일상생
활에 큰 불편을 겪었다. 대피소에는 화장실과 샤워시설이 충분히 갖
춰지지 못했고 물과 식료품도 만족하게 공급받지 못했다. 자동차가
유일한 이동 수단인 지역에서는 유류 부족이 심각한 문제가 되었다.
주유가 가능하다는 소문이 나면 그 주유소 앞에는 문도 열기 전부터

사람들의 긴 행렬이 만들어졌는데 줄을 선다고 해서 반드시 기름을 넣을 수 있는 것도 아니었다.

피해현장 사람들은 식료품과 물, 유류에 대해 신뢰할 수 있는 정보를 애타게 원했다. 트위터와 페이스북에서는 단편적으로 정보가 올라왔지만 분산되어 있는 정보를 찾는 데는 시간이 걸렸다. 전력 공급이 불안정하고 인터넷 회선에도 타격을 입은 지역에서는 컴퓨터로 차분히 정보를 찾을 여유도 없었다.

이런 불편을 조금이라도 줄이기 위해 구글은 '피해현장 생활지원 사이트'를 만들었다. 사실 이 서비스는 수많은 자원봉사자와 구글의 공동작업으로 생겨났다. 지진이 발생했을 때, 모바일 검색 엔지니어인 이마이즈미 료이치는 롯폰기에 있는 구글 도쿄 지사 사무실에서 동료와 미팅 중이었다. 강력한 흔들림에 놀란 그는 진행 중이던 일을 마무리하자마자 퍼슨 파인더 번역 작업을 시작했다.

새로운 주가 시작되는 14일(월), 이마이즈미를 비롯한 모바일 검색 팀은 검색결과에 대한 검증을 했다. 그들은 지진 재해와 관계될 만한 키워드를 선별해 동료와 닥치는 대로 검색했다. 매스미디어 피해현장에 물과 식료품이 부족하다는 정보를 계속 보도했는데 모바일 검색 결과에는 피해현장에 도움이 될 만한 사이트가 상위에 올라와 있지 않았다.

구글은 컴퓨터와 비(非)스마트폰인 휴대전화, 스마트폰에서 검색결과가 다르다. 휴대전화로 검색할 경우에는 휴대전화용으로 최적화되어 있는 페이지의 순위가 높아진다. 컴퓨터용으로 만들어진 페이지를 볼 수 있는 단말기도 있지만 사용하기 쉽다고는 할 수 없었다. 그래서 구글의 휴대전화용 사이트 중 의미 있는 것을 선별해 검색결과 페이지에서 그들 사이트로 유도하기로 했다.

이마이즈미는 물자와 인프라 등의 생활면에 초점을 맞춰 정보를 수집하려 했는데 피해현장 사람들이 정말 필요로 하는 것은 현지의 정확한 정보였다. 단편적인 정보는 트위터에 올라오지만 그런 정보를 모두 모으기도 어려웠다. '뭔가 좋은 사이트가 없을까?' 하는 고민 끝에 발견한 것이 오이카와 유이치(닉네임 upyon)가 작성한 '생활 정보 정리 사이트'였다.

개인 사이트를 구글 서버를 사용해 공개하다

———— 센다이 출신인 오이카와는 지진이 발생했을 때 세타가야(世田谷)의 자택에 있었다. 센다이에 있는 본가와 일단 연락을 취하기는 했지만 그 후 전화가 불통되어 불안했다. 친가 상황이 걱정되었는데 미나미산리쿠(南三陸) 출신인 친구가 피해현장으로 가고 있다는 것을 알고 자신도 할 수 있는 일을 해보자고 생각했다. 피해현장에서는 전기와 수도 등의 인프라가 피해를 입었고, 거기에 식료품 부족도 문제가 되고 있다는 것이 보도되었다. 이것들에 관한 정보를 제공하면 도움이 되지 않을까.

당시 오이카와는 아이디어맨즈(ideamans, 소프트웨어 개발회사)에서 콘텐츠관리시스템 개발 담당 부장으로 일하고 있었다. 이곳은 '휴대전화 키트(for Movable Type)'라는 제품을 판매하고 있었는데 이것은 블로그 툴(tool)인 'Movable Type(무버블 타입, 블로그를 작성·관리하는 프로그램—옮긴이)'을 휴대전화로 이용하기 쉽게 하기 위한 소프트웨어다. 오이카와는 자신이 빌린 렌털 서버에 소프트웨어 세트를 설치하여 '도호쿠 지진 재해 정보 사이트'라는 휴대전화용 사이트를 만들었다.

정보 수집은 수작업이다. 신문과 TV, 인터넷에 실린 정보를 열심히 수집하여 이것을 '구글 도큐멘트'의 스프레드시트에 정리했다. 온라인 오피스 패키지인 구글 도큐멘트는 여러 명이 동시에 편집할 수 있다. 당시 오이카와의 룸메이트 두 명도 정보수집에 협력하고 대학 동창과 후배들도 정보 수집을 도와주었다.

구글 도큐멘트상의 정보 그대로는 휴대전화로 볼 수 없기 때문에 HTML(웹페이지를 기술하기 위해 사용되는 언어)로 변환한 엑셀용 툴(tool)을 작성했다. 그리고 나서 변환시킨 데이터를 '동북지진 정보 사이트'에 업로드시켰다. 오이카와가 만든 사이트의 존재를 알게 된 이마이즈미는 14일(월) 15시경, 오이카와에게 트위터로 메시지를 남겼다. 특정 키워드로 검색한 경우, 오이카와가 만든 사이트로 연결되는 링크를 표시되게 하자고 생각한 것이다.

염려되는 사항은 구글에서 링크를 거는 것으로 인해, 렌털 서버의 처리능력을 초과하는 방대한 양의 접속이 몰리는 것이었다. 그래서 이마이즈미는 오이카와의 사이트를 10분마다 둘러보며 구글 서버로 데이터를 불러오는 방법을 제안했고 오이카와도 그것을 승낙했다.

앱 엔진을 사용해 사이트의 기능을 업데이트하다

─────── 이 작업은 수 시간 만에 끝나서 같은 날 18시 45분에는 '이재민 식사제공' 등의 키워드를 휴대전화로 검색하면 '도호쿠 지진 재해정보 사이트(의 미러 사이트)'로 연결되는 링크가 표시되었다. 여기에는 통상적으로 검색결과상에 표시되는 랜딩페이지(landing page, 검색엔진, 광고 등을 경유하여 접속하는 유저가 최초로 보게 되는 웹페이지 – 옮긴이) 프로모션이라는 한 줄 링크 기능이 사용되었다. 그리고 다음날인 15일(화)에는 컴퓨터용 재해 대응 특설 페이지에도 링크가 표시되었다.

최신 데이터를 구글 서버에 제대로 불러오지 못할 때도 있었다. 그래서 서둘러 앱 엔진(일반적인 서버상에서 움직이는 것보다 개발이 쉬워 접속이 증가했을 때의 부하(負荷) 조정을 개발자가 의식할 필요가 없다)용 웹 애플리케이션을 개발하기로 했다.

오이카와는 정보수집에 구글 도큐멘트를 사용했기 때문에 이대로 공개할 수 있으면 조금 더 일이 쉬워질 수 있었다고 생각할지 모른다. 그러나 그 당시는 구글 도큐멘트는 휴대전화상의 이용에 대응하지 못했고 편집하는 표도 가로로 길었기 때문에 스마트폰에 제대로 표시할 수 없었다. 이런 이유로 인해 애플리케이션을 따로 개발할 필요가 있었다.

그 대신 앱 엔진을 사용한 웹 애플리케이션이라면 표를 표시할 뿐만 아니라 여러 기능을 추가할 수 있다. 정보를 본 방문자가 코멘트를 입력하거나 도움이 되었는지 어떤지 투표할 수 있는 기능도 더해졌다. 또 오이카와 이외의 사람이 만든 생활관련 정보도 불러올 수 있게 되었다. 사이트는 새롭게 '동일본 대지진 피해현장 생활지원 사이트'로 18일(금)에 공개되었다.

웹 애플리케이션이 완성되자 오이카와를 비롯한 자원봉사자는 정보수집에 전념할 수 있게 되었다.

"정보수집과 사이트에 업로드하는 작업량을 우리 힘으로 해내면서 인적 부담의 한계를 느꼈던 참이었어요. 지진 발생 직후에는 나를 포함한 모두가 정신없이 작업했는데, 사흘쯤 지나자 피로가 쌓여 더 이상 작업을 계속하기 어려웠죠. 구글이 시스템을 재빨리 구축해 작업을 자동화해 주어서 큰 도움이 되었습니다."(오이카와)

원래 초기 버전의 애플리케이션은 아직 작동에 불완전한 점이 있었다. 이마이즈미는 사이트에서 에러가 나면 메일로 통지가 오도록 설정했기 때문에 문제 대응으로 분주한 주말을 보냈다.

제공된 방대한 정보를 사내 자원봉사자가 정리하다

──────── 구글 공식 블로그에도 고지되었던 만큼 사이트에 제공되는 정보도 순조롭게 늘어났다. 정보수집과 확인을 돕는 자원봉사자의 수도 60명 정도 되었기 때문에 18일(금)에는 전용 '구글 그룹(멤버들 사이에 메일링 리스트와 전용 사이트를 사용할 수 있는 서비스)'을 만들었다.

또, 다른 서비스를 시작한 자원봉사자와의 연계도 추진했다. 고고학자인 야마구치 히로시(닉네임 H_Y77)와 히라타 마사키(닉네임 msmhrt)

는 '피해현장 포털 맵'*6을 만들어 여러 사람이 작성한 마이맵(구글 맵 기능의 하나로, 지도상에 표시를 해서 공유할 수 있다)과 KML(구글 어스에서 사용되는 지점정보 데이터 포맷)을 지도에 덧씌워 표시할 수 있게 했다. 참고로, KML을 덧씌워 표시할 수 있는 웹 애플리케이션은 구글 미국 본사의 엔지니어인 다카기 준지가 개발한 것으로, 피해현장 포털 맵은 이 애플리케이션을 이용해 만들어졌다. 피해현장 포털 맵 정보는 피해현장 생활 지원 사이트에서의 정보수집에도 크게 도움이 되었다. 이마이즈미는 피해현장 생활지원 사이트의 사용법에 대해 그들과 의논하며 개량해 나갔다.

이 무렵 피해현장에서는 유류 부족이 심각했다. '피해현장 생활지원 사이트에 투고된 정보를 토대로 주유소에 줄을 서도 결국 기름을 넣지 못했다', '정보가 오래됐다'는 불만의 글도 계속 올라왔다. 오래되었다는 지적이 있는 정보에 대해서는 오이카와가 확인해서 삭제했는데 투고되는 정보가 늘면서 점차 적절히 대응할 수 없게 되었다.

구글 광고영업부의 아라키 노도카는 20명 정도의 사내 자원봉사자를 모집해 데이터 확인에 투입했다. 거대한 스프레드시트에 낯선 지명들…. 이런 정보를 하나하나 확인하는 데는 상당한 시간과 노력이 필요했다. 지도 담당 엔지니어인 고지마 코지는 데이터 확인용 시트에서 확인이 끝난 데이터를 선택해 공개용 시트로 옮기는 툴을 작성해 작업을 효율화했다. 구글 도큐멘트의 스프레드시트를 마스터데이터(자료 처리 운용에 기본 자료로 활용되는 자료의 집합)로 하고 그것을 다른 시트에 복사해 사이트에 공개한다…. 이것은 통상적으로는 있을 수 없는, 기묘한 구성의 시스템이다. 게다가 꽤 변칙적인 사용법이었기 때문에 가끔 데이터를 제대로 불러올 수 없는 경우가 생겨 관리하기가 쉽지 않았다.

이 무렵에는 모바일 검색뿐 아니라 여러 부서의 엔지니어가 개발에 참가했는데 그들은 구글 도큐멘트를 사용하지 않는 신규 애플리케이션 개발자로서 '피해현장 생활지원 사이트'를 다시 만들어 지금까지 축적된 데이터를 옮겼다. 4월이 시작되자마자 공개된 이 새로운 버전은 아직까지 컴퓨터와 휴대전화를 통한 정보 검색과 제공을 할 수 있고, 또 관리자용 데이터 확인기능도 갖춰졌다.

오이카와 등의 자원봉사자와 구글 직원이 최선을 다해 만든 '피해현장 생활지원 사이트'는 많은 사람에게 이용되었다. 특히 유류 부족이 심각했던 시기에는 신규 정보제공과 정보 오류의 지적이 많았는데 사용자들의 의견은 최종적으로 5,000건이 넘었다. 오이카와도 친구 어머니의 요청이나 재해민에게 식사를 제공하는 가게에서 제공하는 정보도 있었다고 한다.

피해현장의 인프라와 물자 상황도 차츰 안정을 찾은 6월, 이마이즈미 등의 구글 직원과 오이카와를 비롯한 자원봉사자는 구글 도쿄 지사 사무실의 카페테리아에서 함께 점심 식사를 하며 서로의 노고를 위로했다.

서비스 개발에서 우선사항은 무엇인가

──────── '피해현장 생활지원 사이트'에서는 참가한 사람들이 일의 우선사항을 판단해 신속하게 개발을 진행할 수 있었다. 경우에 따라서는 능력, 기술을 가진 사람과 조직일수록 거기에 얽매여 행동이 늦어질 수 있다.

피해현장 생활지원 사이트도 처음부터 다양한 기능을 설치할 수 있었지만 거기에 시간을 소비했다면 피해현장에 정보를 전달하는 것이 크게 늦춰졌을 것이다. 단순한 스프레드시트를 사용해 일단 행동으로 옮겼기 때문에 정보를 재빨리 제공할 수 있었고, 이후에 서버 처리능력도 향상시킬 수 있었다.

그래도 구글 도큐멘트를 사용하지 않는 형태로 '피해현장 생활지원 사이트'를 업데이트한 것이 타당한지 어떤지 이마이즈미는 지금도 판단이 잘 서지 않는다고 말한다.

"3월 말부터는 기름 공급 문제도 해결되었어요. 새로운 애플리케이션을 만들고 사용자의 인터페이스(조작환경)도 설계하는 것이 힘들었기 때문에 혹시 기존의 스프레드시트를 휴대전화용으로 변환하는 툴을 만드는 것이 나았을 가능성은 있습니다. 어떤 시스템, 형태로 하면 좋았을지는 지금도 잘 모르겠어요."

다시 재해가 발생해도 재해 내용과 그때의 상황에 따라 가장 적합한 해결법은 변화하기 때문에 과연 무엇이 정답인지는 아무도 말할 수 없다.

적어도 서비스 개발에서는 자기 마음대로 혼자 처리하지 않고 사람들이 '무엇을 요구하는지' 검토해 그것을 최우선으로 하는 것이 중요하다고 할 수 있다.

피해현장에서의 요구를 조사하다

//

　　2011년 4월, 구글 재해 대응 코어팀 팀원들은 피해현장을 찾아가서 현지 관계자의 말을 들었다. 피해현장에서 정말 필요로 하는 서비스가 무엇인지 알기 위해서다.

직접 피해현장에 가보지 않으면 알 수 없다

　　──────── 지진이 발생한 3월 11일부터 보름 동안 구글은 연이어 서비스를 개발해 발 빠르게 공개했다. 그러나 재해 대응이 중심이 되어 추진한 코어팀 팀원 중에는 의문을 갖기 시작한 사람도 슬슬 생기기 시작했다.

　　'우리가 만든 서비스가 정말 피해현장에 도움이 될까?'

　　'지금 피해현장 주민들은 무엇이 가장 필요할까?'

자주 논의의 대상이 되었던 과제 중 하나가 구호물자였다. 전국 각지에서 피해현장으로 구호물자가 보내졌는데 적절한 물자가 필요한 지역에 전달되지 않는다는 소식도 보도되었다. 그렇다면 구호물자용 검색 매칭 시스템을 만들어서 지원해야 하지 않을까? 대피소 상황도 지역에 따라 크게 차이가 나서 만족할 만한 식사를 하지 못하는 곳도 있다고 들었다. 그 데이터를 누가 어떻게 입수해야 할까?

　　동일본 대지진은 지진·해일에 의한 피해뿐 아니라 원자력발전소 사고까지 동반한 과거의 예를 찾아볼 수 없는 대규모의 복합형 재해다. 그 영향은 앞으로 수주일은커녕 수개월, 수년에 걸쳐 나타날 것으로 예상된다. 그렇다면 재해 대응은 그 후의 복구까지 염두에 두고 활동해야 하지 않을까?

　　코어팀 팀원들은 재해 대응 작업을 추진하는 동시에 이런 과제에 대해 의견을 나누었다. 그러나 일주일 정도 지나자 이러한 논의도 다람쥐 쳇바퀴 돌 듯 전혀 진전이 없었다. 결국 피해현장에서 사람들의 요구를 들어보고 자신들이 할 수 있는 일을 생각하는 것으로 의견 일치를 보았다.

　　피해현장에서의 '히어링 프로젝트(Hearing Projet)'는 'Go North'로 이름 지었다. 코어팀원들은 퍼슨 파인더 등의 서비스에서 연계했던 지자체, 지원단체와 연락을 해서 4월 4일부터 닷새 동안의 일정으로 가자와 히데토, 가와이 게이이치, 네고로 가오리, 후지이 고이치로, 무라이 세쓰토, 야마자키 후미, 이렇게 6명이 피해현장으로 향했다(7일에는 마키타 노부히로도 합류했다).

4월 4일(월) 아침, 일행은 비행기를 이용해 하네다(羽田)공항에서 야마가타(山形)공항으로 이동한 후, 렌트카를 타고 센다이로 이동했다. 4월로 접어든 도호쿠는 아직 추위가 심했지만 노면 상태는 큰 문제가 없어서 2시간이 채 못 되어 센다이에 도착했다. 센다이역 앞은 일행이 예상했던 모습과 크게 달랐다. 건물은 거의 손상을 입지 않았고 주유소 앞도 혼란스럽지 않았다. 영업 중인 가게도 군데군데 보였다. 가스 공급 제한이 있었지만 그들은 어떻게든 서비스를 제공하기 위해 애를 쓰고 있었다.

일행은 일단 몇 명씩 나누어 따로 사람들의 이야기를 듣기로 했다. 그 대상으로 정한 것은 국토교통성 도호쿠지방정비국, 미야기·이와테현 재해대책본부, 센다이 시청 등의 관공서와 센다이 상공회의소, 산업진흥사업단, 도호쿠대학(東北大學), NPO 지원단체, 그리고 이시노마키(石卷) 적십자병원 등 10여 곳에 이르렀다.

정상 운영을 알리고 싶은 도호쿠의 기업들

———— 구글의 코어팀 팀원들은 구호물자의 적절한 지급 여부와 대피소 지원에서 협력할 수 있는 일이 없는지에 대해 관공서와 상공회의소, NPO를 돌며 의견을 들었다.

센다이·미야기 NPO센터의 와타나베 가즈마 등이 조직한 학생 자원봉사 조사에 의하면, 4월 초 시점에서는 대피소에서 하는 식사에 불편을 겪는 사람이 거의 없다는 것을 알았다. 구호 거점에서 대피소까지 물자를 전달하는 물류는 아직 정비되지 않은 부분도 있었지만 야마토 운송(택배업체)이 자원봉사로 구호물자를 전달하고 다른 택배업자들도 3월 하순에는 배송업무를 재개하고 있어서 물류 상황은 점차 개선되고 있었다.

대피소에는 집과 가족을 잃은 사람들이 아직 남아 있어 불편한 생활을 하고 있었지만 이 무렵에는 도움을 주는 쪽에서 사람들의 요구를 꼼꼼히 확인해 구호물자를 계획적으로 전달하는 단계로 이행하고 있었다. 이미 다른 기업이 지원물자 관리 시스템을 만들기 시작해서 물류 기반과 노하우가 없는 구글로서는 물자 매칭 시스템 개발에 인원과 시간을 할애하는 것에 큰 의미를 둘 수 없었다. 와타나베 가즈마의 조언을 참고로 코어팀은 그렇게 판단했다.

한편, 센다이상공회의소에는 비즈니스와 관련된 어려움을 호소하는 곳이 많았다. 4월초 시점에서 센다이의 전력은 회복되었고 가스도 50% 이상 복구되어서 일상생활에는 별다른 문제가 없었다. 그러나 TV를 비롯한 매스미디어는 지진·해일 피해가 막대한 해안부 상황을 중심으로 보도하기 때문에 상대적으로 센다이의 복구 상황이 언급되는 경우가 적었다. 지진·해일 피해를 극복한 기업은 도호쿠권 내의 수요 저하를 보완하기 위해서도 수도권을 비롯한 타 지역의 발주가 필요한데, 센다이는 지진의 파멸적인 타격에서 아직 일어서지 못했다는 인상만 퍼져나갔다. 이런 상황에서 도호쿠 지역은 여전히 활기차게 움직이고 있다는 이미지를 전국에 알리고 싶었다.

또 하나, 코어팀이 피해현장에서 확인하고 싶었던 것은 '아카이브

(archive, 웹사이트상에서 백업, 보관 등을 위해 한 곳에 모아둔 파일 — 옮긴이)'의 수요였다. 피해현장은 지진 발생 직후의 혼란에서 벗어나 조금씩 복구되고 있었다. 그 모습을 전부 기록해서 누구나 이용할 수 있는 형태로 만들어 공개할 수는 없을까? 사실, 지진이 발생하고 얼마 지나지 않은 무렵 피해현장의 모습을 기록하여 스트리트 뷰에 공개하자는 의견은 있었다. 그러나 구조대와 자원봉사자가 활동하는 상황에서 스트리트 뷰의 촬영을 위한 자동차(스트리트 뷰 카)가 돌아다니는 것은 민폐가 될 수 있다고 판단해 실행되지 않았다.

실제로 피해현장에서 취재를 해보니 많은 사람이 아카이브에 대해 매우 긍정적이었다. 음식점에서는 가스 없이도 만들 수 있는 메뉴를 준비하는 등 다양한 노력을 하고 있는데 그런 모습도 기록에 남기고 싶어했다. 지진 재해 전과 후가 어떻게 변했는지 영상으로 기록하는 것은 매우 의미 있는 일이기 때문이다. 많은 사람들이 그런 생각으로 전력투구했다.

300곳 이상의 대피소에 5만 명이 피난한 이시마키

———— 센다이에서는 복구 기운이 높아지고 있었지만 같은 미야기현의 이시마키시(石卷市)는 사정이 달랐다. 이시마키에 들어간 코어팀은 눈앞의 광경에 숨을 멈춰야 했다. 도시 이곳저곳에 끔찍한 건물잔해와 쓰레기가 산처럼 쌓여 있고, 이것들을 치우는 불도저와 굴착기 소리가 끊이지 않았다. 건물 잔해는 너무 거대해서 영원히 정리

되지 않을 것만 같았다.

인구 22만 명을 맡고 있는 이시마키 의료권(이시마키시, 히가시마쓰시마〈東松島〉시, 오나가와〈女川〉초)은 동일본 대지진으로 가장 피해가 큰 지역이다. 지진·해일로 이시마키시에서만 3,000명이 넘는 사망자가 발생했고 약 600명이 행방불명되었다. 지진 발생 후 유선전화, 휴대전화, 인터넷은 불통되었고, 이시마키 시청도 피해를 입었기 때문에 행정기구가 마비되었다. 지진 발생 직후에는 300곳의 대피소에 5만 명이 피난하는 대혼란 사태가 일어났다. 고립무원(孤立無援)의 상태에서 이시마키 적십자병원의 의사인 이시이 타다시 등은 이시마키권 합동구조팀을 지휘하며 피해자 구조와 대피소 지원에 나섰다(이시마키권 합동구조팀의 활동은 이시이 타다시 의사가 집필한《동일본 대지진 이시마키 재해의료 기록(東日本大震災 石巻災害医療の全記録)》에 상세히 나와 있다).

이시이는 3월 17일부터 대피소 상황의 파악을 가장 중요한 과제로 삼고 의사, 간호사로 팀을 구성해 모든 대피소를 도는 '대피소 조사(assessment)'를 실시했다. 대피소에 거주하는 사람들의 숫자부터 내역, 환자 수·종류, 물·전기 등의 인프라 상황, 위생 상태, 음료 사정, 난방 기구·담요 등에 대해 조사 시트를 작성하여 매일 자료를 갱신하고 시계열(時系列)에 따라서 보존했다. 구조팀은 이렇게 해서 수집한 자료를 토대로 대피소에 식료·물의 배포와 의사의 배치, 밀봉식 간이 화장실(물을 사용하지 않는 간이 화장실로, 배설물을 전용 특수 필름으로 자동적으로 밀봉해 처리하는 구조로 되어 있다─옮긴이)과 손을 씻을 수 있는 장치를 준비했다. 본래는 보건소에서 해야 할 임무도 행정 기구가 마비되었기 때문에 구조팀이 해야만 했다.

일행은 이시이와 함께 활동한 동료 의사의 아내가 다녔던 요리교실 강사의 아들이 구글 재해 대응 코어 멤버 중 하나(가와이)라는 사소한 인연을 내세워 이시마키 적십자병원을 찾았다(참고로, 현지를 찾기 전에는 이시마키 적십자병원과 접촉할 수 없었다. 센다이에 있는 가와이의 친가를 방문했을 때 우연히 그런 인연이 있다는 것을 알았다고 한다).

4월 초 시점에서 지진 발생 당초의 대혼란은 어느 정도 수습되었지만(지진 발생 후 일주일 동안 재난을 당한 환자 수는 3,938명이었다), 그래도 매일 150~200명의 환자가 실려 와 의사와 간호사는 늘 수면 부족 상태에서 환자를 치료해야만 했다. 게다가 대피소에 따라서는 위생 상태가 아직 열악했기 때문에 피난자의 건강과 스트레스 상태가 염려되는 상황이었다.

'수집한 자료를 열람하고 검색할 수 있는 시스템이 있다면 대피소 대응을 효율적으로 할 수 있지 않을까?' 이렇게 생각한 의사, 이시이는 취재차 함께 갔던 구글 직원과 상의했다. '조사항목과 지역, 대피소별로 자료를 간단한 조작으로 재나열할 수 있고, 일정한 간격으로 위생상황과 진찰상황에 대한 경향을 한눈에 파악할 수 있으며 인터넷으로 접속할 수 있는 그런 시스템은 없을까?' 하는 내용들이었다.

시니어 엔지니어링 매니저인 가자와 등은 이런 요구에 부응하는 시스템 개발을 추진해, 4월 22일 완성시켰다. 그 후 구조팀의 활동이 종료하는 2011년 9월 30일까지 이 조사 데이터 관리 시스템이 이용되었다. 4월 중순 이후 피난자의 수는 어느 정도 수습이 되었고 다행히 감염증도 만연하지 않았다.

"구글이 개발한 조사 데이터 관리 시스템이 처음부터 있었다면 아주 편했을 겁니다. 시스템의 구성도 잘 되었기 때문에 다음에 재해가 발생하면 활용할 수 있을 거라고 생각해요. 가장 이상적인 것은 스마트폰과 태블릿으로도 이용할 수 있어 구조팀이 대피소에서 직접 데이터를 입력할 수 있다면 더욱 좋겠죠."(이시이)

비즈니스 지원과 재해 아카이브에 초점을 맞추다

───────── 합동구조팀은 4월 8일 일단 도쿄로 돌아온 후 15일, 20일에 다시 피해현장을 찾아 관계자와 의견을 나누고 복구지원 방향을 결정했다. 그 방향성은 크게 두 가지였다. 먼저 도호쿠에서 비즈니스를 계속하는 기업을 전국에 알릴 것, 그리고 또 하나는 복구에 이르는 과정을 정확하게 기록하는 것이다. 이들의 활동은 '도호쿠 비즈니스 지원 사이트'와 '미래로의 기억'이라는 프로젝트로 결실을 맺었다.

이 사이트의 소유주는 이시마키권 합동구조팀입니다. 구글로부터 개발 및 운영 지원을 받고 있습니다.

이시마키판 톱

에어리어4
전체 환자 수 : 1,026 진찰받은 환자 수 : 37
기침 : 10 호흡기질환 : 5
- **신사**(住吉)**중학교**
  전체 환자 수 : 135 진찰받은 환자 수 : 6
  기침 : 3
- **이시마키**(石巻)**고등학교**
- **가도노와키**(門脇)**중학교**
  전체 환자 수 : 374 진찰받은 환자 수 : 7
  기침 : 5 호흡기질환 : 5
- **이시마키 중학교**
  전체 환자 수 : 144 수진 명수 : 0

에어리어5
전체 환자 수 : 723 설사 : 0
진찰받은 환자 수 : 24
인플루엔자 : 0 기침 : 1 구토 : 0
호흡기질환 : 0 발열(30도 이상) : 0 호흡곤란 : 0
- **오카이도**(大街道)**초등학교**
  전체 환자 수 : 151 설사 : 0
  진찰받은 환자 수 : 4 인플루엔자 : 0 기침 : 0 구토 : 0 호흡기질환 : 0 발열(38도 이상) : 0 호흡곤란 : 0
- **아오바**(青葉)**중학교**
  전체 환자 수 : 310 설사 : 0 진찰받은 환자 수 : 6 인플루엔자 : 0 기침 : 0 구토 : 0 호흡기질환 : 0
  발열(38도 이상) : 0 호흡곤란 : 0

에어리어6
전체 환자 수 : 1,025 설사 : 3 수진 명수 : 93 인플루엔자 : 0 기침 : 17 구토 : 0 호흡기질환 : 4 발열(38도 이상) : 0
호흡곤란 : 0

구글이 개발한, 조사 데이터 관리 시스템 넓은 지역에 걸쳐 있는 대피소의 현재 상황을 간단한 조작으로 파악할 수 있
도록 되어 있다.

피해현장의 비즈니스를
정보 서비스로 지원하다

//

지진 발생 직후의 구조 활동이 일단락된 피해현장에서는 어떻게 비즈니스를 활성화하느냐가 과제가 되었다. 구글은 유튜브와 스트리트 뷰를 활용해 지역 기업의 활동을 전국에 알리기로 했다.

피해현장의 기업 정보를 검색할 수 있는 '비즈니스 파인더'

————— 2011년 3월 하순, 센다이에서는 지진 재해의 혼란이 어느 정도 수습되었는데 아직 셔터가 닫힌 채 장사를 하지 않는 가게도 적지 않았다. 이렇게 한산한 상점가의 모습은 시민에게 불안감을 준다고 생각한 센다이상공회의소 쪽은 상점 주인을 설득해 가게 문을 열도록 부탁했다. 또, 센다이 시청의 협력을 얻어 개점 중인 가게를 시청 웹페이지에 소개하여 지역 주민의 편의를 도모했다.

그러나 센다이의 상점가가 활발하게 움직이기 시작했다는 사실이 다른 지역에는 쉽게 전해지지 않았다. '센다이는 힘든 상황이다', '센다이역까지 지진·해일이 밀려왔다고 한다…'. 트위터를 보면 그런 거짓 정보가 사실로 둔갑해 나돌았다. 이런 상황에서는 센다이에 사람이 오지 않는 것이 당연했다. 또, 제조업 등의 중소기업의 경우 아직까지 거래처와 쉽게 연락이 되지 않아 일이 이전처럼 돌아가지 않는 곳도 있었다.

센다이의 상점과 중소기업은 활발하게 움직이고 있었다. 이 사실을 일본 전국에 알리려면 어떻게 해야 할까. 'Go North'로 센다이를 찾은 구글 코어팀은 센다이상공회의소 등의 상담을 받고 비즈니스 지원 프로젝트의 검토를 시작했다.

구글 마케팅팀의 네고로 가오리와 이노우에 다카코 등이 서둘러 만든 것이 '비즈니스 파인더'다. 이것은 퍼슨 파인더의 회사 버전으로, 회사의 소식과 무사를 확인하는 서비스다. 구글은 이전부터 전화번호, 지도, 댓글 같은 가게와 장소에 관한 정보를 볼 수 있는 '구글 플레이스(Google Places, 현재 명칭은 'Google+로컬')'를 제공하고 있다. 구글 플레이스에 등록된 정보는 구글 맵에서 검색했을 때 표시되어 있다. 4월 27일에 공개된 비즈니스 파인더는 구글 플레이스 검색 대상을 피해현장에 한정해서 점포를 찾기 쉽도록 했다.

센다이상공회의소는 회의소의 모든 회원에게 비즈니스 파인더 서비스 소식을 알려 구글 플레이스에 점포 등의 상세 정보를 등록하도록 권했다. 센다이 가까이에 있는 몇몇 기업은 당장 행동으로 옮겼다.

예를 들어, 메이지 시대(1868~1912)로부터 이어 온 염색집 '나가칸(永 勘) 염색 공장'은 즉시 구글 플레이스에 정보를 등록해 복구지원을 호소하며 앞치마 판촉을 시작했다.

그러나 비즈니스 파인더의 이용은 생각만큼 잘 알려지지 않았다. 이 서비스에서는 점포 명을 입력하여 검색하도록 되어 있다. 즉, 찾고 싶은 점포 명을 정확히 아는 사람이라면 정보를 찾기에 편리했지만 비즈니스 파인더는 지도에 표시하고 거기에서 검색하는 사용법에 그다지 적합하지 않았다.

센다이상공회의소는 이시마키와 게센누마상공회의소에도 이용을 호소했는데, 지진 피해가 컸던 이들 지역은 아직 혼란스런 상태였다. 4월과 5월의 시점에서는 대부분의 기업이 인터넷상에서 광고를 할 여유가 없었다.

또, 구글 플레이스를 이용한 지원 서비스는 이후에도 계속되어 7월 16일에는 '센다이는 영업 중!'이라는 콘텐츠가 공개되었다. 이것은 센다이와 인연이 깊은 연예인과 예술가들이 마음에 드는 가게와 장소를 소개한 것이다.

신문기자가 비디오카메라로 상점 주인을 촬영하다

─────── 5월 16일이 되자 동영상 서비스 유튜브에 '유튜브 비즈니스 지원 채널'이 개설되었다. 이 채널의 캐치프레이즈는 한 마디로 '동일본은 영업 중!'이다. 이것은 피해현장의 상점 주인이 자랑으로

내세우는 상품과 서비스를 알리는 것으로, 하나같이 큰 피해를 입었다고는 생각할 수 없을 만큼 활기찼다. 이 동영상을 촬영한 것은 지방신문사의 기자와 영업담당자들이다.

이 채널을 기획한 유튜브 담당자, 하세가와 야스시는 이렇게 말했다. "유튜브로 서비스를 제공하려면 동영상을 빼놓을 수 없는데 구글 자체적으로 이런 동영상 콘텐츠를 촬영할 수는 없습니다. 여러 모로 고민하던 중에 'Go North'에 참가한 한 멤버가 현지 정보를 가장 많이 갖고 있는 것은 신문기자라고 가르쳐주었어요."

지방신문 기자는 평상시에도 현지에서 직접 취재를 하기 때문에 상점 주인들과 친하다. 가게에서 취급하는 상품과 서비스, 어느 곳이 영업 중인가 하는 사정도 훤히 꿰뚫고 있다.

하세가와는 〈이바라키신문茨城新聞〉(이바라키현〈茨城県〉), 〈이와테니치니치신문岩手日日新聞〉(이와테현〈岩手県〉), 〈가호쿠신보河北新報〉(미야기현〈宮城県〉), 〈데일리 도호쿠デ_リ_東北〉(아오모리현〈青森県〉), 〈토오일보東奥日報〉(아오모리현〈青森県〉), 〈후쿠시마민보福島民報〉(후쿠시마현〈福島県〉)의 7곳에 연락해 유튜브 공식 파트너로서 콘텐츠를 제공해 달라고 협력을 구했다.

신문기자들은 평소 동영상을 촬영하지 않지만 휴대하는 디지털 카메라와 스마트폰에는 동영상 기능이 있는 데다 취재는 그들의 특기 사항이었다. 유튜브 비즈니스 채널이 원하는 것은 TV 프로그램의 고품격 영상 수준이 아니라 오직 상점 주인의 생생한 목소리를 전달하는 것이었기 때문에 디지털카메라와 스마트폰 동영상 기능으로도 충분했다.

유튜브 비즈니스 지원 채널의 목적은 피해현장을 응원하는 것과 관련기업이 참가할 수 있는 협력 시스템을 만드는 데 있었다. 신문사로서는 영상을 유튜브에 투고하는 것으로 동영상에 표시되는 광고를 통해 수입을 얻을 수 있는 동시에 현지 비즈니스를 지원할 수 있었다. 구글로서는 자사에서 조달할 수 없는 현지 기업의 최신 영업정보를 동영상으로 소개할 수 있었다.

또, 유튜브 비즈니스 지원 채널의 동영상에는 외부 링크가 표시되어 있어서 시청자는 마음에 드는 상품을 통신판매 사이트로 즉시 구입하거나 여행대리점에서 예약할 수 있다. 이렇듯 유튜브에 모인 다양한 정보가 동일본 각지의 다양한 비즈니스 웹사이트에 분배되도록 되어 있었다.

스트리트 뷰로 상점가를 지원하다

──────── 구글 맵에는 '스트리트 뷰'라는 기능이 있다. 이것은 지정한 지점의 풍경을 360도 파노라마 사진으로 볼 수 있는 서비스다. 스트리트 뷰를 실현하기 위해 구글은 전용 촬영 기재를 탑재한 자동차, 스트리트 뷰 카로 세계 곳곳의 도로를 달리며 촬영한다. 또, 일부 명소 고적이나 상점가 등의 스팟(spot)은 파노라마로 촬영한 사진을 사용한 스트리트 뷰로 공개한다.

재해 대응 코어팀은 여러 번 재해현장을 찾아가 현지인들의 말에 귀를 기울였는데, 스트리트 뷰를 사용한 상점 소개를 현지인과 지자체에 제안했을 때 무척 호의적으로 받아들였다. 그래서 그들은 센다이상공회의소와 연계해 현지 상점에 협력을 구하고 센다이 시내의 상점가와 근처 상점에 대해 스트리트 뷰와 '상점 포토'를 촬영할 수 있었다. '스트리트 뷰'용 촬영기재를 실은 삼륜차를 모는 구글 직원의 모습은 현지에서도 큰 화제를 불렀다. 촬영 허가가 난 상점에 대해서는 스태프가 한 곳씩 방문해 어안(魚眼)렌즈로 촬영했다.

사용자는 스트리트 뷰로 상점가를 돌아보고, 마음에 드는 상점이 있으면 가게 안으로 클릭해서 들어간다. 이렇게 가상 세계 같은 상점가 산책을 웹으로 즐길 수 있다. 센다이 외에 미야기현, 이와테현, 아키타(秋田)현, 아오모리현, 후쿠시마현에서도 상점과 숙박시설 등 수백 곳에 이르는 점포의 촬영이 차례대로 이루어졌고 2012년 2월까지 공개되었다.

단순한 지원이 아니라
경제를 활성화하는 시스템을 IT로 만들다

──────── 대재해가 발생했을 경우 피해현장 지원이라고 하면 누구나 떠올리는 것이 식료품 등의 구호품과 모금, 각종 자원봉사 활동이다. 이러한 활동이 피해현장에 중요한 것은 분명하다. 그리고 긴급 재해 대응이 일단락된 후에는 복구 단계로 넘어간다. 여기서의 포인트는 피해현장의 경제 활성화다. 경제가 활성화하지 않으면 고용이 발생하지 않고, 소비도 이루어지지 않는다. 물자와 돈을 피해 지역에

일방적으로 보내는 것만으로는 이 사이클이 효율적으로 돌아가지 않는다.

게다가 인간은 자신이 타인에게 어떤 가치를 제공할 수 있다고 느낄 수 있어야 비로소 인격적 존엄감을 얻을 수 있지 않을까. 일방적으로 베풂을 주는 상황은 그것을 받는 사람에게도 힘든 일이다. 경제활동은 돈을 주고받는 것만이 아니라 사람의 근원적인 가치를 주고받는 행위다.

동일본 대지진에서는 안부확인과 생활지원에서 정보 서비스가 큰 활약을 했다. 주목해야 할 것은 이번에 소개했듯이 그 후의 복구 단계에서도 정보 서비스가 크게 활약했다는 점이다. 재해가 발생한 후에는 기본적으로 복구 수요가 높아지는데, IT는 그것을 적극 후원했다.

피해현장의 기업이 인터넷을 사용해서 자사의 상품을 홍보할 수 있다면 멀리 떨어진 곳에 있는 고객의 마음을 사로잡을 수 있다. 이렇게 일반인이 부담 없이 경제활동에 참가하는 것으로 복구를 지원하는 새로운 흐름이 속도를 더하고 있다.

재해를 디지털로 기록하다

//

막대한 피해를 초래한 동일본 대지진은 디지털 기술로 상세히 기록된 역사적으로도 드문 대재해다. 디지털로 남겨진 기록은 단순한 회상의 현장이 아니다. 이것은 곧 미래로 나가기 위한 길잡이가 되는 자료다.

잃어버린 기억이 웹에서 되살아나다

———— 구글 재해 대응팀은 피해현장의 기업을 지원하는 한편, 피해현장의 '기억'을 되찾기 위한 프로젝트를 추진했다.

"지진이 일어나기 전에 할아버지와 늘 함께 갔던 공원, 친구와 함께했던 축제, 그런 잃어버린 기억을 다시 한 번 떠올릴 수 있다면 복구하는 데 힘이 되지 않을까 생각했습니다." (프로덕트 마케팅 매니저, 스가 겐토)

4월에는 지진·해일로 오염된 사진을 깨끗이 닦아내는 자원봉사 활동을 시작했는데, 이때 인터넷에 강점을 갖고 있는 구글의 힘을 제대로 발휘할 수 있는 방법을 찾아보게 되었다. 그래서 이용하게 된 것이 사진공유 서비스 '피카사 웹 앨범'이다. 한 사람 한 사람에게 진짜 앨범을 되찾게 해주는 것은 구글로서는 불가능하다. 하지만 사진을 통해 같은 경험을 한 사람끼리 기억을 공유할 수 있게 돕는 일은 가능하다.

5월 말, 구글 마케팅팀은 '미래로의 기억'이라고 이름 붙인 사이트를 오픈했다. 이 사이트에서는 누구나 사진은 피카사 앨범에, 동영상은 유튜브에 투고할 수 있다. 또, 특정 사진과 동영상을 찾는 사람이 관련 장소나 주제를 지정해 모집할 수도 있다. 2011년 5월부터 2012년 2월까지 552건에 이르는 모집 주제가 세워졌고, 이들 요구에 방대한 수의 사진과 동영상이 전국에서 쇄도했다. 개중에는 1950년대에 촬영된 사진도 있었다고 한다.

"주로 축제나 불꽃놀이 등의 공식적인 사진이 많았는데 현지 중학교나 상점가 사진을 찾는 사람도 있었어요. 일상적인 학교생활, 일상적인 공원 등 매일의 생활이 찍혀 있는 사진은 매우 인상적이었습니다."(스가)

같은 시기에 야후 재팬에서도 '야후! 동일본 대지진 사진 보존 프로젝트'를 시작했다. 10월이 되자 구글과 야후 재팬은 서로 협력해 각각의 프로젝트에 투고된 사진을 양쪽에서 볼 수 있게 되었다. 이때 투고된 사진과 동영상 수는 총 5만 점이 넘었다.

지진 피해를 기록하는 '디지털 아카이브'

──────── '스트리트 뷰로 피해를 기록하자'는 아이디어는 지진 발생 직후부터 재해 대응 코어팀 사이에서 언급되었다. 그러나 즉시 도움이 되지 않을 스트리트 뷰로 현지 구조활동을 방해해서는 안 된 다고 판단해 우선순위에서 밀렸다. 게다가 실제로 지진이 발생한 직 후 피해현장은 도로가 파괴되고 주유소에서도 기름을 구할 수 없었 기 때문에 물리적으로도 스트리트 뷰 카를 움직일 수 없었다.

지진발생 직후의 혼란이 어느 정도 진정된 4월, 코어팀은 다시 스 트리트 뷰에 대한 검토를 시작했다. 중심이 된 것은 센다이 출신으 로 미국 본사에서 근무하는 가와이 게이이치다. 피해현장의 스트리트 뷰를 촬영하는 것이 과연 현지인에게 도움이 될까? 이에 대한 의견 은 사내에서도 신중론이 컸다. 그러나 피해현장을 취재하는 저널리스 트와 대학 연구원들에게 의견을 묻자 긍정적인 답을 얻을 수 있었다. 그들은 자료로 남기기 위해 이곳저곳을 촬영했는데 동일본 대지진의 피해현장 지역이 너무 넓어서 각자의 카메라로 촬영하는 데는 한계가 있었다. 위치관계도 포함해 방대한 지역을 영상으로 기록하려면 전용 기재를 탑재한 자동차로 촬영하는 수밖에 없었다. 코어팀은 피해를 당한 각 지자체를 찾아가 복구활동 등에 방해가 되지 않도록 촬영하 겠다는 취지를 설명했다.

이 '디지털 아카이브' 프로젝트의 시초가 된 것은 특히 막대한 피 해를 입은 기센누마시였다. 2011년 7월 8일, 디지털 아카이브 개시를 선언하는 기자회견에서 스가와라 시게루 시장은 다음과 같이 말했다.

"(이 디지털 아카이브는) 앞으로도 영원히 계속될 프로젝트일 거라고 생각합니다. 이번에 피해를 입은 우리 기센누마시를 비롯해 산리쿠(三陸) 해안 지역을 이 시점에서 기록하는 것은 미래의 우리에게 귀중한 재산이 될 것입니다."

이 날부터 같은 해 12월까지 6개월에 걸쳐 구글의 스트리트 뷰 카는 도호쿠 지방의 해안지역, 주요 도시 주변을 촬영했다. 총 주행거리는 무려 4만 4,000km에 달했다고 한다. 통상적인 스트리트 뷰는 최신 자료만 표시되는데 '미래로의 기억'에서 공개된 디지털 아카이브는 같은 지점에서 지진 발생 전후의 스트리트 뷰를 번갈아 표시할 수 있다.

시선 방향도 지진 발생 전후로 맞추기 때문에 장소에 따라서는 나란히 서 있던 집들이 표시를 바꾸면 흔적도 없이 사라져버린다…. 스트리트 뷰 영상은 지진·해일의 공포를 무엇보다 확실히 말해 주고 있었다. 지진·해일의 영향이 어디까지 미쳤는지도 자세히 알 수 있기 때문에 이 영상을 재해연구에 이용하는 연구자도 많다. 디지털 아카이브는 그 후도 계속 진행되고 있고, 현재는 6곳의 현과 47곳의 시정촌(市町村, 일본 기초자치단체 ─ 옮긴이)을 대상으로 하고 있다.

피해 건물의 자취를 디지털로 남기다

─────── 2012년 11월에는 디지털 아카이브의 새로운 시도로 '지진 재해 유구(遺構) 디지털 아카이브 프로젝트'도 시작했다. 이쪽은 피해를 당한 시설의 외관과 내부를 스트리트 뷰 기술로 촬영한 것이다. 앞서 소개한 '상점 포토'와 같은 기술을 이용한다. 카메라맨이 한 곳 한 곳을 직접 돌며 어안렌즈로 여러 번 촬영한다. 이것을 전용 화상처리 툴로 처리하면 '스트리트 뷰'용 데이터가 생성된다.

가장 먼저 촬영을 시작한 곳은 가마이시(釜石) 시립 도니(唐丹)초등학교였다. 가마이시시(市) 해안지역에 위치한 초·중학교는 모두 지진·해일로 큰 피해를 입었다. 도니초등학교도 체육관이 휩쓸려가고 학교 건물은 3층까지 바닷물에 잠겼다. 그러나 이들 초등학교에서는 사전에 방재훈련이 잘 이루어져서 학교에 있던 학생과 교직원은 재빨리 높은 지대로 피난해 전원이 무사했다. 이 일은 '가마이시의 기적'으로 국내외에 크게 보도되었고 도니초등학교의 건물은 그 상징이 되었다.

피해를 입은 시설의 대부분은 해체될 예정인데 후세에 지진·해일의 피해를 알리기 위해 디지털 아카이브화가 결정되었다. 디지털 아카이브의 대상이 되는 것은 개시 시점에서 이와테현 가마이시시, 오후나토시(大船渡市), 리쿠젠타카타시(陸前高田市), 그리고 후쿠시마현의 나미에마치(浪江町) 등 32곳이었다. 한편, 아카이브화를 희망하는 지자체와 시설관리자의 연락도 받았다.

가마이시시의 시마다 요시카즈 부시장은 피해현장의 지자체에서는 어쩔 수 없이 기록 작업을 뒤로 미루게 되는 경향이 있다고 말했다.

"현재 가마이시는 복구에 최선을 다하고 있는데, 피해를 입은 시설을 남겨둬야 하지 않을까 하는 의견은 예전부터 있었습니다. 제대로 기록을 남겨서 후세에 전하는 것도 매우 중요한 과제라고 생각해 어떻게 남겨야 할지 고민하던 차에 마침 구글에서 디지털 아카이브에 대한 이야기가 있었어요."

구글은 지진 재해 이전부터 히로시마 원폭 돔(1945년 8월 6일, 히로시마에 원자폭탄이 투하되었을 때 파괴되고 남은 원폭 피해 건물 – 옮긴이) 등의 유적을 스트리트 뷰로 공개하고 있는데 이들 아카이브에는 지금도 세계 각지에서 많은 사람이 접속하고 있다.

"우리는 재해로 인해 지금 누리는 모든 것이 영원하지 않다는 것을 배웠습니다. 다녔던 학교, 일했던 직장이 순식간에 사라지는 것을 누가 상상이나 했겠습니까. 지금이라는 순간을 눈에 보이는 형태로 남기는 것, 스트리트 뷰를 사용해 그 순간을 남기는 일에 공헌하고 싶습니다. 또, 철거할 수밖에 없는 건물들도 스트리트 뷰를 활용함으로써 이 재해의 심각함과 무서움을 기록할 수 있죠. 이번 활동이 재해에 대한 기억이 서서히 사라져버리는 것을 방지하는 데 도움이 될 것으로 생각합니다." (파트너십 담당자, 무라이 세쓰토)

지진 전후의 스트리트 뷰를 전환해 표시할 수 있는 '디지털 아카이브'는 '미래로의 기억' 내에서 공개되고 있다.

야후 재팬의 분투

//

동일본 대지진에서는 구글 외에도 여러 기업이 재해 대응 활동을 폈다. 그중에서도 야후 재팬은 전력정보와 자원봉사 지원 등의 서비스를 제공해 높은 평가를 받았다.

2004년에 시작된 야후 재팬의 재해 대응

——— 이 책에서는 구글의 재해 대응을 중심으로 소개했다. 그런데 재해 대응 활동을 편 기업은 구글 한 곳만이 아니다. 규모의 크고 작음을 떠나서 다양한 업계의 여러 기업들이 피해현장의 사람들을 돕기 위해 고군분투했다. 그중에서도 정보지원 면에서 결코 구글에 뒤떨어지지 않는 존재감을 나타낸 것이 포털 사이트인 야후 재팬이다.

야후 재팬은 동일본 대지진 발생 직후부터 지진 정보 페이지를 만들어 신뢰성 높은 정보를 제공하기 시작했다. 계획정전 지도와 모금, 자원봉사 지원 등의 사이트를 차례로 공개했다. 이런 시책이 가능했던 것은 야후 재팬이 평소부터 재해 대응을 위한 시스템을 준비해 왔기 때문이다.

야후 재팬의 재해 대응은 2004년 10월 23일에 일어난 니가타현 주에쓰(中越) 지진까지 거슬러 올라간다. 규모 6.8, 최대 진도 7의 추에쓰 지진은 사망자 68명에 3,000채가 넘는 가옥이 완전히 붕괴되는 막대한 피해를 초래했다.

이 무렵에는 이미 ADSL(기존의 전화선을 이용하여 컴퓨터가 데이터 통신을 할 수 있게 하는 통신수단 — 옮긴이)과 광섬유 등의 브로드밴드 회선도 보급되었고, 인터넷이 TV와 라디오에 견주는 매스미디어로 인식되어 TV 이상으로 중요하게 이용하는 사용자도 많았다. 이런 인터넷 사용자들에게 재해 정보를 확실하면서도 재빠르게 전달해야만 했다. 주에쓰 지진을 계기로 야후 재팬에서는 이 점을 강하게 인식해서 진도 3 이상의 지진과 해일에 대해서는 모든 페이지에 속보 배너를 표시하게 되었다.

그리고 이와 동시에 인식하게 된 것이 위기관리의 중요성이다. 큰 재해가 일어난 경우 포털 사이트로서 정보 발신을 계속할 필요가 있었다. 특히 야후 재팬에는 신문사와 통신사의 뉴스를 게재하는 '야후 뉴스'와는 별도로 '야후 뉴스 토픽스'가 있다. 이것은 다양한 뉴스들 가운데 야후 재팬의 편집자가 취사선택하여 그 기사에 관련된 매스미디어와 개인 블로그를 포함한 각종 정보의 링크를 더해 표시하는 서비스로, 1개월 동안의 방문자 수는 7,000만 명에 이른다. 그래서 야후 재팬에서는 도쿄뿐만 아니라 나고야(名古屋), 오사카에도 거점을 마련해 재해 시 현장 판단으로 활동할 수 있는 태세를 갖추고 있었다.

같은 해인 2004년 12월에 일어난 인도네시아 수마트라 지진과 2010년의 아이티 지진, 같은 해 미야자키현에서 발생한 구제역 등 세계적인 재해가 일어날 때마다 재해 대응 활동이 실행되었다. 큰 재해에 대해 TV 등의 매스미디어가 보도하면 보다 자세한 정보를 찾아 인터넷에 접속하는 사람들이 급증한다. 그럴 때 야후 재팬은 신뢰감 있는 정보를 정리하여 야후 뉴스 토픽스에 제공하거나 모금을 호소했다.

지진 재해 직후 '라이프 엔진'이 힘차게 돌기 시작했다

─────── 2011년 3월 11일 지진 발생 후, 도쿄 미드타운에 위치한 야후 재팬의 한 직원은 건물 뒷마당으로 대피했다. 미드타운 타워 내에서 지진이 원인으로 생각되는 작은 화재가 발생했기 때문이다(사실은 화재가 발생하지 않았음이 이후 확인되었다).

휴대전화로의 통화와 통신은 쉽게 연결되지 않았다. 당시 R&D(연구개발) 총괄본부 미디어 개발부 부장인 다카다 마사유키와 사업전략 총괄본부 본부기획부의 사타케 마사노리는 휴대전화의 원세그 기능으로 뉴스를 보고 충격을 받았다.

전 직원에 회사의 연락 메일이 보내진 것은 그때였다. 야후 재팬에는 사내용 안부확인 시스템이 있어서 비상시에는 전 직원에게 메일을 보내 안부를 확인하도록 되어 있다. 그 메일에는 이노우에 마사히로 사장(당시)의 메시지가 더해져 있었다.

"지금이 바로 라이프 엔진으로서 힘을 발휘할 때다."

라이프 엔진이란 '사람들의 생활과 인생의 인프라'라는 야후 재팬의 결의를 나타내는 캐치프레이즈다. 이 메시지로 재해 대응은 최우선 사항이 되었고 직원들의 의식도 하나가 되었다.

전 직원의 안전이 확인되어 사무실로 복귀하기까지는 대략 3시간 정도 걸렸는데 그 사이에도 재해 대응은 착실하게 진행되었다. 야후 토픽스는 오사카 사무실이 작업을 시작했고 도쿄 사무실 직원도 사전 훈련대로 자택에서 인터넷을 경유해 담당 작업에 들어갔다. 지진이 발생하면 흔들림 이상으로 무서운 것이 지진과 해일이다. 이것을 염두에 두었던 야후 토픽스의 직원은 지진 발생 직후 '지진·해일에 주의하라'는 메시지를 검색창 아래에 띄웠다.

피난 중에도 다카다를 비롯한 여러 부서의 담당 스태프는 야후 메신저로 연락을 주고받으며 작업을 진행했다. 먼저 피해 현장에서의 통신을 방해하지 않도록 메일 매거진 등의 프로모션은 전부 발송을 정지하고, 모든 페이지에 게재하는 배너 광고를 속보로 전환했다. 지진 발생 직후부터 야후 날씨와 재해 정보를 담당하는 다나카 신지 등은 야후 토픽스팀과 연계하면서 지진 정보 종합 페이지를 작성하기 시작했고 배너 광고에서 이 페이지로 유도하도록 했다. 또, 야후 볼런티어(NGO·NPO, 볼런티어에 관한 정보 페이지 – 옮긴이)를 담당한 미디어 개발본부의 미야우치 토시키 등은 모금 서비스를 만들었다.

지진 발생 당일 저녁까지 이런 작업들은 착착 진행되었다.

전임 스태프 70명으로 24시간 체제를 구축하다

──────── 동일본 대지진의 피해는 지금까지의 재해 대응 매뉴얼의 예상을 훨씬 웃돌았다. 다음날 12일(토)에는 지진 재해대책 특별실을 설치하여 24시간 체재로 대응을 시작했는데 기존처럼 통상적인 업무와 함께하기에는 업무량에 비해 사람 수가 턱없이 부족했다. 그래서 새로운 주가 시작되는 14일(월), 당시 최고집행책임자인 기타노 히로아키가 전 직원에게 호소해 70명의 재해 대응 전임 스태프를 모집했다. 그 내용을 보면 모집 인원은 엔지니어, 디자이너, 디렉터로 도쿄, 나고야, 오사카 각각의 거점에서 기사 편집부터 디자인, 서비스 개발까지 해나가는 것을 목적으로 했다.

최고집행책임자의 호소에 응답하여 지원한 직원은 200명 정도였다. 모두가 의욕에 넘쳐 있었지만 다카다 등은 몇 가지 조건으로 스태프를 선발했다. 오랜 시간 작업이 계속될 것으로 예상되어 체력이 좋은 젊은 층을 중심으로 고려했고 도쿄, 나고야, 오사카 거점 근처에 살고 있어서 도보로도 다닐 수 있거나 가족 중에 도움이 필요한 환자나 임부가 없는 사람들을 우선했다.

또 각 거점에 있는 임원용 대회의실이 지진 재해대책 특별실이 되었고 〈NHK 뉴스〉를 항상 시청할 수 있는 대형 스크린, 담요, 먹을 것들이 마련되었다. 지진 재해대책 특별실에서는 통상의 야후 토픽스 편집부와 똑같이 3교대제로 운영되었다. 24시간 체제의 경우, 사내에 노하우가 있었다고는 하지만 전원이 이러한 근무 형태의 경험이 있는 것은 아니었다. 작업도 불규칙적인 것이 많아져서 피곤이 쌓일 수밖에 없는 상황이었다. 거기에 지진·해일로 쓸려가는 집들의 영상을 계속 스크린으로 보고 있으면 누구나 마음의 동요가 일어나 심리적으로 힘들어진다. 작업 중에 갑자기 울음을 터뜨리는 사람도 있었다고 한다. 이 지진 재해대책 특별실의 24시간 체제는 4월 3일까지 계속되어 초기 재해 대응에서 중심적인 역할을 했다.

여담이지만, 보름 동안 지진 재해대책 특별실에서 먹고 자면서 어려움을 함께 견딘 스태프 사이에는 강한 연대감이 생겨났다. 그래서인지 이 70명의 전임 스태프 중 세 쌍의 커플이 탄생해서 결혼까지 이르게 되었다고 한다.

70명의 전임 스태프는 2주 동안 각 거점의 지진 재해대책 특별실에서 작업을 계속했다.

계획정전 정보를 가장 보기 쉽고 알기 쉽게 전달하다

─────── 지진 발생 다음날인 12일(토)부터 사람들의 관심이 급속하게 높아진 화제가 바로 전력공급이다. 도쿄전력, 도호쿠전력(東北電力) 관내에는 후쿠시마 제1·제2 원자력발전소를 비롯한 여러 곳의 발전소가 운전을 정지해 전기가 부족할 거라는 불안이 사람들 사이에서 점점 퍼져나갔다.

다카다는 지진 발생 직후부터 트위터상에서 지진 재해 관련 키워드를 검색해 무엇이 화제가 되고 있는지 계속 확인했는데, 13일(일)이 되자 절전에 관한 부정확한 정보가 확산되고 있다는 것을 알았다. 예를 들어, 간사이전력(関西電力) 관내에서 절전하면 도쿄전력 관내가 도움을 받는다는 정보가 나돌았다(실제로는 간사이전력과 도쿄전력은 전원주파수가 다르기 때문에 그대로 송전할 수 없다).

'잘못된 정보의 확산을 막으려면 절전에 관한 정확한 정보를 제공해야 한다'라고 생각한 다카다, 사타케 등은 전력회사 사이트를 확인해 절전 정보를 한 페이지로 정리한 후 바로 공개했다. '효과적인 절전과 계획정전 대처방법을 안내합니다'라고 제목을 붙인 이 페이지는 지극히 간단한 형태인데, 페이지뷰는 불과 하루만에 3,000만에 달했다. 사람들이 얼마나 간절하게 정확한 정보를 원했는지 알 수 있다.

그리고 13일(일) 밤, 도쿄전력이 계획정전에 대한 기자회견을 했다. 14일(월) 이른 아침부터, 시작되는 계획정전에 대한 자세한 내용이 발표되었는데 질의응답에서 정보가 정정되는 등 혼란이 이어져, 그룹별

정전과 실시 시각 등의 올바른 정보를 찾는 사람은 인터넷으로 상세한 정보를 더 얻으려고 했다.

그러나 도쿄전력의 서버는 몰려드는 접속에 견디지 못해 일찌감치 다운되었고 자료가 PDF로 제공된 것도 문제가 되었다. 제공된 PDF 자료는 초(町, 일본 행정구역상 가장 하부 단위, 한국의 읍〈邑〉에 해당함 - 옮긴이) 명과 그룹 번호의 나열이었고 잘못된 정보도 적지 않았다.

야후 재팬의 지진 재해대책 특별실에서는 계획정전 자료의 확인 및 교정 작업을 13일(일) 심야부터 시작했다. 정보제공처인 도쿄전력에서도 혼란이 계속되어서 정보는 공개될 때마다 교정 작업을 해야만 했다. 교정을 거친 정보라 해도 그대로 리스트로 공개하면 보기 어렵다. 그래서 나고야 사무실이 중심이 되어 야후 지도상에 초 명과 그룹 번호를 표시해 어느 지역이 언제 정전되는지 한눈에 알 수 있게 했다. 이 '계획정전' 작업은 빠른 속도로 진행되어 계획정전 첫날인 14일(월) 새벽에 공개되었다. 계획정전에 대한 작업은 대부분 완전한 수작업으로 이루어졌다. 도쿄, 나고야, 오사카의 지진 재해대책 특별실에 모인 70명의 스태프는 이때부터 4월 초까지 약 2주 동안 계획정전 정보의 확인과 수정에 쫓기게 되었다.

그래프를 측정해 전력사용 상황을 보기 쉽게 제공하다

─────── 계획정전 실시 스케줄에 대한 정보제공에 이어 야후 재팬이 공개한 전력관계 서비스는 '전력사용 상황 미터'였다. 3월 14일 (월)에 개시한 후로 일주일이 경과해도 계획정전은 계속되었다. 전력이 부족해 절전이 필요하다지만 대체 어느 정도의 전력이 필요할까? 많은 전력이 필요한 피크 시간 이외에는 절전해 보았자 그다지 의미가 없었다. 계획정전 대상이 아닌 지역에서도 절전 의식은 높았고, 사람들은 전력에 관한 정보를 절실히 원했다.

3월 20일(일), 렌호(蓮舫) 행정쇄신담당대신(당시)이 '계획정전에 관해 빠른 정보제공 및 실시간으로 국민이 전력수요량을 확인할 수 있게 하기 위한 '가시화'를 가능한 한 다음 주 화요일부터라도 실시할 수 있도록 도쿄전력과 조정하겠습니다'라는 메시지를 트위터에 올렸다. 이것을 본 야후 재팬 재해대책 특별실에서는 전력회사의 최대전력 공급량과 전력사용 상황을 페이지에 게재할 수 있도록 준비했다.

22일(화)에는 도쿄전력으로부터 자료가 공개되었는데 이것은 1시간마다 전력사용 실적을 막대그래프로 표시한 것이었다. 그러나 그래프의 화상 데이터뿐, 자세한 수치는 알 수 없어 다른 서비스에서 이 데이터를 재이용하기는 어려웠다.

그래서 야후 재팬에서는 도쿄전력이 공개한 그래프를 수작업으로 측정하고 수치를 산출해서 공급량에 얼마나 여유가 있는지 한눈에 알 수 있도록 미터 표시로 가공했다. 그리고 나서 톱 페이지의 특별 박스에 공개했다. 처음에는 1시간마다 담당자가 수작업으로 측정했는데 이후 화면상의 그래프에서 데이터를 읽는 툴을 작성해 작업을 효율화했다고 한다.

이 전력사용 상황미터는 데이터를 보기 쉽게 했을 뿐 아니라 CSV(Comma Separated Value)로도 데이터를 제공했다. 또, 쉼표를 기준으로 항목을 구분하여 저장한 데이터파일 형식으로도 데이터를 제공했다. CSV란 텍스트를 쉼표 기준으로 항목을 구분하여 저장한 데이터 파일 형식으로, 이것이 있으면 사용자 자신이 표 계산 소프트에 데이터를 읽어 들여서 가공과 분석에 사용할 수 있다(현재는 전력회사 페이지에서도 CSV 데이터 제공이 이루어지고 있다).

참고로 3월 9일(화)에는 '전력사용상황API'도 공개했다(API란 애플리케이션 프로그래밍 인터페이스로, 한 웹 서비스나 OS 기능을 다른 애플리케이션이나 서비스에서 이용하기 위한 시스템이다). 이후 웹 서비스 개발자라면 누구나 이 API를 사용해 독자적인 서비스나 애플리케이션을 만들 수 있게 되었다.

독자적인 방법으로 전기 예보를 시작하다

─────── 전력사용 상황미터 공개로 야후 재팬의 절전 정보 페이지는 큰 주목을 받아 접속 수도 연일 1,000만 PV(Page View)가 넘었다. 그러나 사실 전력회사가 공개하는 데이터만으로는 효과적인 절전을 하기에 불충분했다. 왜냐하면 전력회사의 실적 데이터는 1시간 20분 이전의 것이기 때문이다. 사용자가 전력사용 상황 그래프를 보

고 '공급에 여유가 없을 것 같으니 절전하자'고 생각해도 이미 사용 피크 시간이 지난 후였던 적이 많았다.

전력회사가 실시간으로 사용상황 데이터 공개를 하지 못했기 때문에 야후 재팬에서는 독자적으로 전기 예보를 하기로 했다. R&D총괄본부 프론트엔드 개발본부 특집 리더인 누마타 미즈키가 디렉터를 맡아 이 프로젝트를 진행하게 되었다. 22일(화)부터 축적한 전력회사 실적 데이터와 야후 날씨 등의 데이터를 토대로 젊은 엔지니어가 예보를 위한 프로그램을 작성해서 2주 정도 프로그램 예보와 실제 전력 수요를 비교했더니 24시간 이내의 경우 오차는 약 2%, 1주일간의 장기 예보의 경우도 오차 범위는 약 4%였다.

이 전기 예보는 4월 27일(수)에 공개되었다. 또, 현재는 각 전력회사(오키나와전력 제외)도 실시간으로 전력사용 상황미터를 공개하고 있다.

사장의 현명한 결단으로 진행된 공공기관 사이트 캐시

──────── 지진 발생 직후부터 야후 토픽스에서는 정확하고 유용한 정보를 취사선택하여 한 페이지에 정리해 공개했다. 사용자 입장에서는 매우 고마운 서비스로, 정보제공 측 역시 영향력이 큰 야후 재팬에 소개되는 것으로 사람들에게 적절한 정보를 재빠르게 알릴 수 있는 장점이 있었다.

그러나 큰 문제도 있었는데 바로 야후 재팬 자신의 영향력이었다. 야후 토픽스에 게재된 사이트에는 단번에 접속이 몰려서 서버가 다운되는 예가 이어졌다. 특히 이 현상은 대량 접속을 예상하지 못한 공공기관 사이트에서 눈에 띄게 나타났다.

그래서 야후 재팬에서는 공공기관 사이트의 캐시(cashe)를 시작하기로 했다. 캐시는 현금(cash)이 아니라 '일시적인 데이터 보관 장소 또는 보관하는 것'을 가리킨다. 한 사이트의 내용을 야후 재팬 서버에 정기적(1분에 한 번 정도)으로 복사해 야후 재팬상에서 원 사이트가 아닌 캐시 사이트로 유도한다. 이렇게 하면 원 사이트에는 부하가 걸리지 않는다.

야후 재팬에서는 이 캐시 시스템(CDN-Content Delivery Network)을 많은 서비스에서 활용하고 있는데 이노우에 마사히로 사장(당시)은 지진 재해에 직접 관계하지 않는 서비스 서버 등의 리소스(resource, 컴퓨터에서 요구된 동작 실행에 필요한 데이터 처리 시스템 요소-옮긴이)는 전부 공공기관 사이트 지원으로 돌리라고 지시했다. R&D총괄본부의 에가와 다쿠히데 등은 네트워크 리소스 조정에 애를 먹으면서 전용 캐시 시스템을 구축하여 3월 16일(목)부터는 행정기관, 교통기관, 전력회사, 지자체 등 약 300곳의 사이트가 야후 재팬을 경유해 안정적으로 열람할 수 있게 되었다.

캐시에서는 야후 재팬 외부에 있는 사이트의 데이터를 복사하기 때문에 통상적으로는 저작권법에 따라 사전에 원 사이트의 허락을 받을 필요가 있다. 그러나 당시 신뢰할 수 있는 정보제공은 일각을 다투는 시급한 일이었다.

이노우에 사장은 법무본부장인 벳소 나오야와 이 문제를 검토해 사후 허락으로 사이트의 캐시 작업을 진행하기로 결단했다. 그는 '지금 여기서 우리가 캐싱하지 않으면 일본의 인터넷은 정말 필요한 때에 도움이 되지 못하게 된다'는 이유로 진행 허가를 냈다. 캐시한 사이트에는 수상 관저도 포함되어 있었다. 3월 20일(일)에는 야후 재팬의 톱 페이지에도 수상관저로 연결되는 배너가 게재되었다.

피해현장에 사람, 물자, 돈을 보내다

———— 전력정보 페이지와 공공기관 사이트의 캐시 이외에도 야후 재팬은 여러 부분에 걸쳐 재해에 대응해나갔다. 특히 주목해야 할 것은 기존 서비스를 이용해 피해현장에 사람, 물자, 돈을 보내는 시스템을 정비한 것이다.

지진 발생 직후부터 시작한 인터넷 모금은 17일(목) 시점에서 10억 엔을 돌파했다. 참고로, 그전까지의 최고금액은 미야자키현 구제역 발생 때 모인 3,800만 엔이었다. 야후 옥션과 야후 쇼핑도 피해현장 지원에 활용되었다. 3월 18일(금)에 공개된 야후 옥션의 '지원금 쇼케이스'에서는 게재된 상품의 옵션료가 지원금으로 피해현장에 보내졌다. 23일(수)부터 시작된 '지원 기프트편'에서는 출점자와 협력해 쌀을 기프트로 피해현장에 보낼 수 있도록 했다. 또, 24일(목)에는 야후 옥션에서 채러티(charity) 옥션을 개최하여 지금까지 약 4억 엔의 매상을 피해현장에 기부했다.

자원봉사자와의 물자 연결에서도 야후 재팬은 큰 역할을 했다. 야후 볼런티어를 담당하는 R&D 총괄본부 미야우치 토시키는 지진 발생으로부터 10일 후 복구 지원 민간프로젝트인 '서로 돕는 일본' 모임에 참가했다. '서로 돕는 일본'이 NPO를 통해 피해현장 주민들의 생생한 목소리를 모으고 있다는 것을 알게 된 미야우치는 이런 유용한 정보를 야후 재팬에서 발신하자고 생각했다. 개발 기간은 불과 이틀이었고 30일(수)에 공개된 '볼런티어 정보 핫라인'에는 키워드 검색과 관련정보를 표시할 수 있는 태그 클라우드(콘텐츠에 붙은 태그들을 분석하여 웹사이트나 블로그의 콘텐츠 현황을 시각적으로 보여주는 방식 — 옮긴이) 기능이 갖춰져서 자원봉사의 원활한 연결을 실현했다. 개설로부터 8개월 동안 볼런티어 정보 핫라인에는 5,000건 이상의 정보가 모여졌다.

여러 부서가 재해 대응 아이디어를 제안하다

————— 피해현장의 생활정보를 검색하는 '피해현장 에어리어 가이드', 야후 지도를 사용한 '도로·철도 노선 운행중지 정보', 모바일계 서비스에서의 GPS 로그(위치정보)를 토대로 한 '전파상황 확인 맵' 등 지진 발생으로부터 수 주 이내에 공개된 서비스는 그 외에도 많다.

또, 4월 이후 재해 대응에서 복구지원으로 이행된 후로는 피해현장 중소기업의 자립을 지원하는 '복구 디파트먼트(department)'와 지진 재해 기록을 사진으로 남기는 '동일본 대지진 사진보존 프로젝트' 등이 만들어졌다.

지진 재해 발생으로부터 2주일 사이에 야후 재팬에서는 R&D 총괄본부 미디어 개발부 부장인 다카다 마사유키를 중심으로 재해 대응 프로젝트를 관리하기 위한 회의가 매일 열렸다. 그때마다 항상 임원들도 참가해 회의에서의 결정사항을 신속히 실행에 옮길 수 있는 체제를 정비했다. 회의는 회의실에서만 이루어지지 않았다. 임원, 재해 대응 멤버, 때로는 이노우에 사장도 야후 메신저를 통해 빠르게 의사결정을 진행했다.

사내, 사외에서 방대한 양의 아이디어가 모여들었고 그것을 6명 정도의 중심 멤버가 선별하여 인원 외의 리소스를 분담했다. 지원 기프트편과 채러티 옥션도 여기에 보내진 직원의 아이디어가 힌트가 되었다. 아이디어를 선별할 때는 단순히 도움이 될 것 같다는 기분에서가 아니라 일정기간 지속할 수 있는 기획인지, 누군가에게 이차적인 피해를 주지 않는지를 면밀히 검토했다.

사용자의 피드백도 프로젝트 진척을 관리하는 데 중요한 요소였다. 야후 재팬에서는 고객센터에 모인 요구와 감상은 프로젝트 관계자(경우에 따라서는 사장과 임원까지)가 기본적으로 전부 확인한다. 이번 지진에서는 공개한 서비스에 관해 트위터에 올린 글도 수집하여 멤버끼리 개선점을 의논한 즉시 엔지니어가 구현하는 사이클을 반복했다.

"엔지니어는 정말 대단해! 나도 엔진니어가 되어 볼까?"

전기 예보를 시작할 때 한 사용자가 올린 이 글을 읽은 담당 엔지니어는 자기도 모르게 눈물을 흘렸다고 한다.

재해 대응 회의는 4월 이후 매주 열렸고 10월까지 계속되었다. 야후 재팬의 재해 대응 역시 10월에 끝난 것이 아니라 '복구 디파트먼트' 등 각각 독립한 복구 지원 프로젝트로 다양화되어 현재까지도 지속되고 있다.

야후 재팬이 중심이 되어 2011년 12월 14일에 오픈한 복구 디파트먼트는 인터넷 쇼핑몰이다. 복구 디파트먼트에서는 야후 쇼핑 시스템을 그대로 이용하는데, 특징적인 것은 인터넷에 익숙하지 않은 사업자도 참가하기 쉽다는 점이다. 이시마키(石卷), 미나미소마 등에 설치된 '복구 디파트먼트 지부'가 생산자 통합과 판매대행, 스토어 구축과 운용, 현지에서의 고용을 처리한다. 또, 파너트 기업으로부터 웹 제작과 프로모션 등의 서비스도 받을 수 있다.

"현지분들과 같이 우리도 노하우를 쌓고 장래에는 비즈니스로 자립하는 것이 목표입니다. 현지 젊은이를 포함해 고용이 생겨날 수 있도록 해야죠."(야후주식회사 R&D총괄본부 미디어개발부 부장, 다카다 마사유키)

복구 디파트먼트에서는 처음에 피해현장 출점자에 한해 할인을 해주었는데 현재는 통상과 똑같은 수수료(매달 매상의 3%)를 낸다.

"복구 진행에 맞춰 조금씩 비즈니스로 돌아갈 필요가 있습니다. 그렇게 하지 않으면 시장 경쟁력이 생기지 않아요. 복구 디파트먼트에 게재하는 상품은 저도 자주 구입하는데 품질이 좋은 것들로 갖춰져 있어요."(다카다)

2012년 7월 30일, 야후 재팬은 이시마키에 '야후 이시마키 복구 베이스'라는 사무소를 개설하여 직원 5명이 상주하는 체제를 만들었다. 기업 소비자간 전자상거래(B to C)뿐만 아니라 기업과 기업 간의 거래

(B to B), 사업개발과 정보발신, 인재육성 등을 추진했다. 또, 현지 사업자와 공동으로 복구 디파트먼트 등에서 판매하는 도시락 등의 상품기획 개발도 했다.

＊1 http://www45.atwiki.jp/ganbare-tohoku/

＊2 http://www.soumu.go.jp/menu_news/s-news/01kiban02_02000043.html

＊3 http://www.google.org/intl/ja/crisisresponse/lifelinemaps.html

＊4 http://www.honda.co.jp/tech-story/html/story4/

＊5 http://www.gsi.go.jp/LAW/2930-index.html

＊6 http://kml-layers.appspot.com/kyuen-map/

72 hours at Google

3장

비상 상황에서 발휘된
구글 기업의 저력

재해 대응 시스템

///

동일본 대지진에서 구글이 다수의 지원서비스를 만들어낼 수 있었
던 것은 평소부터 재해 대응 시스템이 갖춰져 있었기 때문이다. 이 시
스템들은 어떻게 생겨났으며 어떻게 운용되었을까?

직원의 주체성을 존중하는 문화

———————— 동일본 대지진의 재해 대응에서는 '코어팀'이라 불린 십
여 명의 직원이 중심이 되어 활동했다. 이 코어팀은 원래 조직되어 있
던 것이 아니라 지진이 일어난 시점에서 재해 대응을 업무로 진행했
던 것이다. 코어팀은 미국 서해안의 구글 본사 및 그 외 몇몇 지사에
분산해 있는 재해 대응팀 멤버일 뿐이었다.

일본의 재해 대응은 재해 대응팀의 프로덕트 매니저(당시)였던 프립

라마수와미가 도쿄 지사에 지인이 있는 브래드 엘리스에게 연락을 취해 '퍼슨 파인더'를 시동시키도록 의뢰한 데서 시작되었다.

일본 측에서도 웹 마스터 미우라 다케시를 비롯해 구글 재해 대응에 대해 지식이 있던 몇몇 직원은 '활동을 시작할 필요가 있지 않을까' 하는 논의를 시작했다. 이렇게 활동에 적극적으로 관계하고 싶어 하는 뜻 있는 직원들에 의해 자연스럽게 팀이 형성되었다.

지진 발생 후, 한동안 통상 업무를 중지하고 재해 대응 활동을 맡은 직원도 있었는데 구글 사내에서는 그것을 당연하게 받아들여 비난하지 않았다. 그런 체제를 이상하게 생각하는 사람도 있을지 모르지만, 구글 직원에게는 그다지 이상한 일도 아니었다. 왜냐하면 구글에서는 어떤 업무를 어떤 방식으로 언제 수행하느냐에 대한 결정권을 직원에게 일임해 기본적으로 자유롭게 일할 수 있게 하기 때문이다.

이번에 구글이 놀랄 만큼 빠른 속도로 재해 대응에 임할 수 있었던 것은 회사 차원에서 평소부터 재해 준비를 해 온 덕분이다. 그러나 그보다 더 큰 이유는 평소에 뿌리내린 구글만의 업무 방식이 아닐까. 다른 기업에서 일했던 경험을 가진 구글 직원들에게 물어보니 역시 같은 의견이 돌아왔다.

그래서 구글에서 평상시 어떻게 일이 진행되는지 간단히 소개하기로 한다. 구글에서는 소속 팀에 따라 다르지만 업무 방식에 대해서는 (일을 하는 장소도 포함해) 직원의 판단에 맡기는 일이 많다.

회사에서는 업무 공간 이외에 당구대와 탁구대, 게임기 등의 놀이 도구도 여기저기 놓여 있어서 게임을 즐기는 직원의 모습도 드물지 않게 볼 수 있다. 업무 시간 중에 기분전환이 필요하면 언제든 자유롭게 놀 수 있다. 직원 스스로 하고 싶도록 놔두면 그들이 알아서 일을 하고 성과를 내게 하는 것이다. 구글이라는 회사는 직원을 관리하는 것이 아니라, 그들을 신뢰하고 스스로에게 책임을 맡긴다.

또, 구글에는 업무 시간 중 20%(즉, 월요일부터 금요일까지의 5일 중 하루)는 자신의 일과 관계없이 좋아하는 것을 자유롭게 하도록 하는 '20% 룰'이 있다. 구글 뉴스나 애드센스(AdSense, 광고서비스. 웹사이트 소유자는 애드센스에 가입함으로써 광고 수익을 구글과 나눌 수 있다 - 옮긴이) 같은 유명 서비스들이 이 '20% 룰'에서 생겨났다. '20%'의 프로젝트에는 엔지니어가 혼자 추진하는 것도 있고, 대규모 팀 단위로 추진하는 것도 있다. 직원은 프로젝트 수행상, 필요한 능력을 가진 인재를 사내(경우에 따라서는 사외일 때도 있다)에서 찾아 자유롭게 팀을 만들 수 있다.

이것은 10년 넘게 구글을 취재해 온 나(하야시)의 개인적인 결론인데, 구글은 방대한 수고와 비용을 들여 최고의 인재를 모으고 그들이 능력을 최대한 발휘할 수 있도록 전적으로 신뢰하고 주체성을 존중함으로써 일에 대한 충분한 동기부여와 회사에 대한 충성심을 유지하게 하는 기업문화를 키워온 것으로 보인다.

지금까지 취재해 온 다른 기업 중에는 세계 최고 수준의 인재를 고용하면서도 그 사람이 원하지 않고 잘하지도 않는 일을 일방적으로 부과해 재능을 낭비하고 의욕을 꺾어버리는 예가 적지 않다. 그와는 반대로 유능한 인재에게 적극적으로 자신이 하고 싶은 일을 하게 해서 성과를 사업화해 나가는 것이 구글의 방식이다.

회사의 이해가 자발적인 재해 대응을 가능하게 한다

──────── 이번 동일본 대지진에서 구글의 재해 대응은 '20% 룰'처럼 유연한 형태로 운영되었다. 미국 재해 대응팀에서 연락을 받은 엘리스를 비롯해, 기본적으로 재해 대응에 대한 활동 참가는 자발적으로 이루어졌다.

구글의 많은 직원은 보도되는 피해의 엄청난 규모에 마음 아파하면서 '뭔가 해야 한다'는 생각을 강하게 갖게 되었다. 이것은 구글 직원뿐만이 아니라 일본인들의 마음은 모두 같았을 것이다. 그런데 구글은 회사가 보유하고 있는 거대한 기간망과 우수한 인재, 기술을 자유롭게 활용할 수 있었다. 하고 싶은 일을 실현할 수 있는 리소스도 있고, 그것을 응원해 주는 체제도 갖추고 있었다.

이것은 도쿄 지사 직원들에게 한정된 이야기가 아니다. 가와이 게이이치는 미국 구글 본사에서도 일본인 직원이 재해 대응을 맡는 것을 당연하게 여겼다고 말한다. 가와이는 스트리트 뷰 등의 지도 제품을 담당하는 시니어 프로덕트 매니저로, 재해가 발생하기 전인 2010년 11월부터 미국 본사에서 근무했다. 당시 본업인 프로젝트의 마감이 임박해서 지진 발생 시각(미국 서해안 시간인 3월 10일 밤)에도 자택에서 일을 하고 있었다. 센다이 출신인 가와이는 지진 발생 소식을 듣고 안절부절 못했다. 그는 일본 시각에 맞춰 지진 관련 소식을 확인하며 한동안 회사에도 가지 않고 집에서 가능한 재해 대응을 하고 있었다.

그 다음 주 수요일이 되어서야 그는 상사에게 "일본의 지진이 신경 쓰여 다른 일을 할 수 없을지도 모르겠다"고 말했고 상사는 가와이가 집에서 무엇을 하는지 파악하고 그것으로 괜찮다고 말해 주었다고 한다. 가와이는 그래도 통상 업무를 하지 못하는 것이 마음에 걸려 휴가 (신청서)를 내는 것도 생각했는데 미국 본사에 배속된 시점에서 유급휴가 일수가 제로로 재설정되었다. 상사는 가와이가 그런 것에 신경 쓰지 않고 업무로써 재해 대응 일을 계속할 수 있도록 해주었다. 다른 동료도 "고향이 평생에 몇 번이나 있을지 모를 참담한 상황에 처했으니 그것이 당연하다"며 가와이의 행동을 인정하고 도와주었다.

가와이만 특별한 경우였던 것은 아니다. 이번 재해 대응에 임했던 다른 직원들도 대체로 비슷한 상황이었다. 통상 업무를 중지해도 주위 직원들은 그것을 당연하게 받아들이고 도와준다. 구글의 재해 대응은 직접 관계하는 직원뿐 아니라 묵묵히 재해 대응팀을 도와주는 다른 많은 직원들의 힘을 모아 이루어졌던 것이다.

수장의 역할

──────── 구글의 재해 대응은 직원들이 자발적으로 추진했는데, 당연히 회사로서는 통상적인 업무도 진행해야 했다. 구글 일본 법인에는 사장직이 없어서 동일본 대지진이 발생한 시점에서는 대표이사 역으로 마케팅 부분의 책임을 맡고 있는 아리마 마코토와 프로덕트 부문을 총괄하는 도쿠세이 겐타로, 엔지니어를 총괄하는 조셉 터나스키 (Joseph Ternasky) 세 명이 중심이 되어 중요한 경영판단을 내렸다.

재해 대응 활동이 상의하달(上意下達)로 이루어진 것은 아니지만 원활하게 활동이 추진될 수 있도록 아리마 등은 사내 및 미국 본사와의 조정에 힘썼다.

도쿠세이가 미국 본사에 가장 먼저 알린 것은 당분간 도쿄 지사에서의 통상적인 개발업무가 완전히 정체된다는 것과 재해 대응에 필요한 부탁에 적극 응해 달라는 것이었다. 그 후 도쿄 시가지의 질서 있는 모습과 직원들의 높은 사기, 재해 대응에 대한 활발한 공헌 등이 미국 본사에 전달될 수 있도록 신경을 썼다. 이것은 미국 매스컴을 경유하지 않으면 정보를 얻을 수 없는 본사 직원들 사이에서 도쿄 지사에 대해 '소문 피해'가 일어나는 것을 막기 위해서이기도 했다.

한편 아리마는 지진 발생 직후 직원들에게 메일을 보내 안전을 확인하고 자택이 가까운 직원에게는 서둘러 귀가하도록 조처했다. 지진 발생 당일은 교통기관이 혼란 상태였기 때문에 사내에 머문 직원도 많았는데, 아리마와 신규 비즈니스 개발 시니어 매니저인 오바라 가즈히로 등은 직원을 위해 담요를 준비했다.

"사내를 돌며 귀가할 수 있는 직원은 서둘러 집에 돌아가도록 권했는데 사람들이 모여서 떠들썩했던 곳이 있었어요. 뭘 하느냐고 물었더니 지금까지 구글이 해외의 재해 상황에서 펼쳤던 재해 대응을 이번에는 일본에서 전개한다는 거예요. 그럼 방해해선 안 된다고 생각해서 수고하라고 말했습니다." (대표이사, 아리마 마코토)

주말부터 그 다음 주 월요일에 걸쳐 아리마는 거래처에 연락해 상황을 확인했다. 다행히 지진으로 피해를 입은 거래처는 없었지만, 모두 일을 할 수 있는 상황은 아니었다.

거래처와의 신규 비즈니스는 중단되었어도 사내에서 지속해야 하는 업무가 많았고 당연히 일할 사람들도 필요했다. 그러나 지진 발생후는 지진·해일에 의한 피해, 원자력 발전소 사고에 대한 보도가 계속되어 불안을 느낀 직원도 많았다. 또, 직원 자신은 괜찮아도 가족이 도쿄를 떠나고 싶어하는 경우도 있었다. 해외에서는 일본 전체가위험지대가 된 것처럼 보였는지 구글 미국 본사에서 안부를 걱정하는 연락이 빈번했다고 한다.

평상시에도 구글의 근무 형태는 자유로워서 일의 내용에 따라 출근이 필수는 아니었지만 그래도 재택근무만으로 일을 완전히 처리할수는 없었다.

아리마는 도쿄 이외에도 일할 수 있는 공간을 확보하여 희망자는그쪽에서 일할 수 있도록 준비했다. 해외에서 온 직원 중에는 일본을떠나고 싶어하는 사람도 있었기 때문에 그들이 해외 지사에서도 일할 수 있도록 미국 본사와 연락을 취해 조정했다. 물론 도쿄 지사가아니면 할 수 없는 업무도 있었는데 도쿄에 남아 있던 직원도 많아서다행히 업무에 지장이 생기지는 않았다.

이런 긴급 상황 체제에서 미국 본사는 평상시의 운영으로 돌아가는 시기에 대한 판단에 대해 도쿄 지사에 판단을 일임했다. 아리마,도쿠세이, 터나스키는 신중하게 검토를 거듭해 4월 초에는 '백 투 비즈니스(Back to Business)'를 선언했다. 이 무렵, 도쿄 지사에는 신입직원이 모두 출근했고 그 모습을 찍은 사진이 미국 본사에도 공유되었다. 사진을 본 본사 직원들은 눈물을 흘리며 기쁨과 격려의 말을 보내주었다.

"소위 '통상 개발 업무'로 돌아갈 때 직원들 중에는 '이제 재해 대응을 끝내는 건가' 하는 의문을 가진 사람도 있었어요. 활발했던 코어 개발 멤버와도 말했던 것이 '평소에 쌓아온 개발의 성과로 쌓아온 구글 검색과 지도 같은 기초기술이 유사시에 큰 도움이 됐다'는 것입니다. 그래서 우리는 사용자에게 도움이 되는 본래의 개발 업무로 돌아가면서 이후의 재해 대응에 무엇을 할 수 있을지 계속 고민하면 된다고 결론을 내렸죠."(도쿠세이)

"제품 개발에 직접 관여하지 않는 영업팀에게도 무엇을 위해 비즈니스를 하는가는 중요한 문제입니다. 영업 실적을 올리는 것도 중요하지만 그것만 목표로 하면 직원도 의욕이 나지 않아요. 이때 많은 고객들이 '구글 힘내라!'는 성원을 보내주셨어요. 구글은 사용자에게 유익한 서비스 개발을 목표로 하는데, 그것이 어떤 형태로 사회에 공헌하는지 느낄 수 있었던 것은 이 회사에서 일하는 긍지와 동기부여로 이어졌다고 생각합니다."(아리마)

필요에 따라 주위 협력을 얻을 수 있는 유연한 워크 스타일

———— 그렇다면 구체적으로 얼마나 많은 구글 직원이 어떻게 재해 대응에 관여했을까? 재해 대응이 시작되자 자연스럽게 메일링

리스트가 만들어졌다. 또, 지진 발생 직후부터 사내의 커다란 탁자 하나가 구글 직원의 집합소가 되었다. 메일링 리스트가 방대한 정보로 넘쳐났기 때문에 이곳에서 직접 정보교환을 하는 사람도 늘었다. 뭔가를 해서 돕고 싶다고 생각한 직원은 이 탁자에서 사람들을 붙잡고 상황을 묻거나 채팅에 참가해 자발적으로 서비스 개발 등의 작업을 시작했다.

또, 업무 역할상 필요하다고 판단되는 직원은 덩달아 관여하게 됐다. 예를 들어, '사용자들에게 대피소 명단을 촬영해 사진을 투고하라고 호소하면 어떨까' 하는 아이디어가 나왔을 때, 개인정보 취급에 관해서는 회사 법무부의 판단이 필요했다. 그러면 담당자가 법무부 담당자 앞으로 문자메시지나 지메일(Gmail) 채팅 기능으로 의논을 한다. 또, 퍼슨 파인더를 알리기 위해서는 홍보활동이 필요하다. 이것도 마찬가지로 문자메시지나 지메일 채팅으로 홍보 담당자를 끌어들이는 식이다.

이런 과정에서 상시적으로 재해 대응에 관여하고 있는 직원도 있고, 통상업무로 돌아가는 직원도 있다. 이 판단 역시 자신에게 달렸다. 그리고 어떤 작업을 잠깐 도와준 직원도 많아서 동일본 대지진의 재해 대응에 어느 정도의 직원이 관여했는지, 전체적인 내용은 구글 자체에서도 파악하지 못한다. 또, 재해 대응팀이 통상업무를 떠나 있는 동안 그들의 원래 업무를 대신하겠다고 지원했던 직원도 재해 대응의 간접적인 협력자다. 그렇게 생각하면 구글의 전 직원이 재해 대응팀의 일원이었다고 볼 수 있다.

재해 대응에 한해 승인 과정도 신속화

——————— 어떤 문제가 있으면 '누구에게 상의해야 하는가'를 주위 사람에게 물어서 그 인물에게 직접 연락한다. 그리고 문제를 해결해 앞으로 나아간다. 이것이 구글에서는 당연한 업무 방식이다. 이런 방식 덕분에 구글에서는 일이 원활하게 진행된다. 다른 IT 기업을 경험한 직원에게 물어도 구글의 업무 처리방식은 상당히 빠르다고 한다. 그래도 새로운 서비스를 만들 때 평상시라면 동작 테스트나 품질확인 등의 승인 과정에 몇 주일 내지 몇 개월의 시간이 필요하다.

그러나 재해 대응에서는 모든 과정이 놀랄 정도의 속도로 진행됐다. 이때는 사용자가 헤매지 않고 적절한 정보를 접할 수 있도록 서비스 품질도 유지해야만 한다. 그래서 현장에 있는 여러 직원이 다른 시점에서 서비스를 검토해 자신들의 책임 하에 신중하게 발표했다. 과정이 신속하게 진행된 것은 비단 서비스 공개만이 아니다. 재해 대응의 몇몇 서비스에는 사람에게 전달하기 쉽도록 'http://goo.gl/saigai'나 'http://goo.gl/ganbaru'(saigai= 재해, ganbaru= 힘내다 — 옮긴이) 같은 알기 쉬운 단축 URL을 준비했다. 단축 URL을 발행받기위해 미국 본사 담당 엔지니어에게 재해 대응의 상황을 설명하자, 그들은 신속하게 설정작업을 진행해 주었다고 한다. 미국 직원이 깨어 있지 않을 새벽 시간에 요구한 것인데도 신속하게 답변해 준 것에 놀란 도쿄 지사 직원도 있었다.

이것이 가능했던 것은 미국 본사의 재해 대응팀이 숨은 공로자로서 대처해 주었기 때문이다. 당시 미국에서 재해 대응 프로덕트 매니저를 맡고 있었던 라이언 펠러는 동일본 대지진이 발생하고 나서 며칠간은 먹고 자는 시간도 아껴가며 활동을 계속했다.

후방지원에 철저한 미국 본사팀

─────── 도쿄 지사 재해 대응팀은 그 자리에서 자연발생적으로 만들어진 팀이지만, 펠러는 재해 대응을 통상업무로 하고 있는 직원 중 한 사람이다. 세계 어딘가에서 대규모 자연재해가 발생하면 펠러를 비롯한 미국 재해 대응팀에게 곧 소식이 전해진다. 팀은 재해 규모와 종류, 피해국·지역의 인터넷 환경과 사회 인프라 등 여러 가지 조건을 종합적으로 확인하고 재해 대응을 취할 필요가 있는지를 판단한다.

동일본 대지진의 경우에는 뉴스로 보도되는 재해 규모를 보고 재해 대응을 하기로 곧바로 결정했다고 한다. 활동에 'go' 사인이 떨어지면 먼저 현지의 구글 지사가 중심이 되어 재해 대응을 펼칠지 아니면 다른 해외 지사가 담당할지를 판단한다. 이번 재해에서는 다행히 도쿄 지사의 피해가 적고, 또 미국 본사가 대응하기에는 시차와 언어의 벽이라는 문제가 있었다. 그래서 도쿄 지사에 주도권을 주고 미국 팀은 후방지원을 하기로 했다.

재해에 어떤 대응이 필요한지는 상황에 따라 달라서 지역 특성도 크게 영향을 준다. 현지에서의 대응이 가능한 경우는 현지에 맡기는 것이 최상의 결과로 이어지는 경우가 많다고 한다. 예를 들어, 2011년에 발생한 뉴질랜드 크라이스트처치 지진에서는 피해현장에서 가장 먼저 문제가 된 것이 음료수 확보였는데 이런 상황은 현지에서 파악하지 않고는 결코 알 수가 없다. 또, 이 지진에서는 구글이 협력했던 세 곳의 기관이 각각 다른 포맷의 지도를 필요로 했는데 이런 뉴스도 해외에서는 알기 어렵다.

여기에 언어의 벽까지 더해지면 미국에서의 재해 대응은 어려워진다. 다행히 일본에서는 도쿄에 대규모 구글 지사가 있었고 재해 대응을 맡겠다는 직원들이 대기하고 있었다. 도쿄 지사에서 재해 대응팀이 만들어지자 펠러는 과거의 재해 대응 경험을 토대로 어떤 제품이 도움이 되었는지에 대한 노하우를 전수했다.

여기서 말하는 제품이란, 안부확인을 위한 퍼슨 파인더 등을 가리킨다. 또, 구체적인 노하우로는 '누가 어떤 프로젝트를 시작했는지 차례로 기록한다'는 것을 들 수 있다. 도쿄 지사에서는 브래드 엘리스가 이 기록업무를 담당해서 프로젝트의 중복을 막고 전체적인 움직임을 파악할 수 있도록 했다. 재해 대응 중에는 많은 프로젝트가 제안되고 개발되었는데 그것들 전부가 공개된 것은 아니다. 개중에는 논의 끝에 채택되지 않은 프로젝트도 있다. 지원물자에 관한 정보와 방사능 오염에 관한 정보제공 서비스도 그 한 예이다. 미국의 펠러는 어려운 문제를 어떻게 판단하느냐에 대해서도 조언했다.

미국팀은 이런 직접적인 논의 외에도 일본팀을 뒤에서 지원했다. 펠러는 일본의 재해 대응팀이 움직이기 쉽도록 미국 본사의 사내조정을 비롯해 미국 정부기관, 학술기관과도 연결해 주었다. 앞서 말한 신속한 승인 과정도 미국의 재해 대응팀이 평상시부터 본사를 설득해 인식시켜 놓은 것이다.

한편 지진발생으로부터 일주일 정도가 지나자 재해 대응 긴급도도 낮아지고 미국팀의 작업은 일단락된 듯한 느낌이었다. 도쿄 지사에서 탄생한 재해 대응팀도 퍼슨 파인더를 비롯한 툴에 익숙해져서 전에 없는 새로운 활용방법까지 만들어냈다. 이미 서로 충분한 신뢰관계를 쌓았기 때문에 여기서 미국본사의 재해 대응팀의 역할은 종료하고 복구를 위한 재해 대응은 도쿄 지사팀에게 완전히 맡기게 되었다.

재해 때마다 배우고 진화하는 재해 대응

──────── 동일본 대지진이 발생한 지 5개월 후인 2011년 8월, 펠러 등의 재해 대응팀은 미국 동해안을 덮친 허리케인 '아이린'에 대해 재해 대응을 시작했다. 구글의 재해 대응 역사는 오래 되어서 2005년 8월 뉴올리언스를 덮친 허리케인 '카트리나'까지 거슬러 올라갈 수 있다. 그 후에도 아이티와 칠레, 중국 칭하이, 뉴질랜드에서의 대지진과 파키스탄에서 발생한 홍수에도 대응해, 동일본 대지진은 공식적으로 19번째 대응이었다.

재해가 일어날 때마다 미국 재해 대응팀의 직장에는 전시 중의 작전실 같은 긴장감이 감돈다고 한다. 그리고 한 번의 재해를 거칠 때마다 거기서 여러 가지 노하우가 축적되고 재해 대응에 사용된 툴도 진화한다.

동일본 대지진에 대한 재해 대응에서는 지진 발생으로부터 2시간도 채 안 되어서 퍼슨 파인더를 시작할 수 있었다. 이것을 가능하게 했던 것은 일본 재해 대응팀의 노력뿐만이 아니라 퍼슨 파인더 자체가 과거의 경험을 토대로 진화했기 때문이다.

구글 재해 대응팀은 동일본 대지진, 허리케인 '아이린'에 이어 태국에서 발생한 홍수(2011년 7월), 일본 기이(紀伊)반도를 덮친 태풍 '탈라스'(2011년 9월), 터키 지진(2011년 10월), 필리핀 홍수(2012년 8월), 자카르타 홍수(2013년 1월) 등에서도 그 역할을 해냈다.

이 가운데 태국에서 발생한 홍수에는 계절적인 요소도 있어서 지금까지의 재해 대응 기준에서 보면 대응하지 않을 가능성도 있었는데 최종적으로는 대응에 나섰다. 그것은 홍수 피해의 규모가 컸기 때문이기도 하지만 구글의 재해 대응팀이 경험을 거듭해 보다 적은 시간과 노력으로 재해에 대응할 수 있는 체제를 갖췄다는 이유도 있었다.

구글식 프로젝트 진행법

//

　지진 발생 후 구글은 놀라운 기세로 재해 대응 서비스를 개발했다. 방대한 수에 이르는 이들 프로젝트는 어떻게 관리되었을까.

공개되지 않은 재해 대응도 많았다

　————— 동일본 대지진에서 구글은 많은 프로젝트를 실행했는데 그중에는 일단 논의를 거쳐 프로젝트로 움직이기 시작했지만 도중에 중단된 것들도 있다. 구글은 어떤 기준으로 어떤 재해는 대응을 추진하고, 어떤 재해는 대응을 중단했을까.

　평상시의 구글이라면 최종 결정권은 제품개발 본부장인 도쿠세이 겐타로에게 있다. 그러나 도쿠세이는 재해 대응 분야 만큼은 유튜브의 프로덕트 매니저인 브래드 엘리스가 실질적인 결정권자였다고 말했다.

지진 발생 직후 재해 대응팀에서는 엔지니어들이 생각나는 대로 일단 프로그램을 개발하고 누군가에게 도움이 될 거라고 생각해, 프로그램 개요를 기록하기 시작했다. 그것들을 하나하나 표로 정리해 우선순위를 정하고 담당자를 분배한 것이 엘리스였다. 중단된 프로젝트 등 기록이 지워진 것, 엘리스의 거름망에 걸리지 않은 프로젝트도 있었는데 이번 취재를 하면서 확인된 엘리스의 표에 남아 있던 프로젝트는 총 207개였다.

엘리스의 리스트

———— 성난 파도와도 같았던 3월 11일이 지나고 다음날인 토요일, 엘리스는 전 직원에게 보내는 메일링 리스트가 대량의 메일로 넘쳐나는 것을 확인했다. '내가 할 수 있는 것이 있으면 돕고 싶다'는 내용의 메일이 많다는 것을 알게 된 엘리스는 중요한 메일링 리스트로부터 화제를 분리시키기 위해 'Japan quake volunteer(일본을 위한 지진 재해 볼런티어)'라는 신규 메일링 리스트를 준비했다. 이것을 사용해 누가 어떤 일을 하고 어떤 도움이 필요한지 정보를 교환하도록 했다.

그 후 엘리스는 수집한 정보를 토대로 구글 독스(Google Docs)라는 서비스(현재는 구글 드라이브에 통합)로 스프레드시트(표)를 작성해, 누가 어떤 일을 하는지 표로 정리하기 시작했고 그것을 14일 월요일 미팅에서 모두에게 소개했다.

미팅에서는 아직 정리가 안 된 생각 수준인 아이디어도 표에 넣고 싶다는 의견이 나왔다. 영업팀의 아라키 노도카는 트위터를 통해 회사 밖에서 구글에 요구하는 아이디어를 정리했다. 한 번에 너무 많은 정보가 모이기 때문에 엘리스는 혼자 정리할 수 없어 도움을 청했고 이전 도쿄 지사에서 근무했던 프로덕트 매니저, 이노우에 리쿠가 나서서 정리를 도와주었다.

이렇게 해서 구글 도쿄 지사에서의 모든 재해 대응을 관리하는 표가 만들어졌다. 이 표에는 한 건 한 건의 재해 대응에 대해 우선도, 돕고 싶은 사람의 연락처, 책임자의 이름, 진척 상황이 기록되었다. 또, 다른 표에는 각 프로젝트를 누가 돕고 있는지도 표시했다. 그 후 이것은 수백 건의 프로젝트가 기입된 표로 성장했는데, 엘리스는 어떻게 관리한 것일까.

엘리스는 "나는 형태를 만든 것뿐입니다" 하고 겸손하게 말했다. "일단 표에 이런 항목을 만들자고 정한 다음 어느 정도 알고 있는 프로젝트, 아는 사람의 정보만 써서 공유했어요. 그럼 나머지는 누락된 부분에 각 담당자가 직접 정보를 기입해 채워줬죠."

정보에서 누락된 항목은 구글 독스의 조건설정 기능을 사용해 자동적으로 색깔이 표시되도록 했다. 엘리스는 간단하게 말했지만 사실 그는 표 정리 외에도 많은 작업을 처리했다. 매일 다른 직원들이 잠들어 조용하거나 프로젝트에 집중해서 다른 사람과의 소통이 없어지는 심야시간대에 메일링 리스트의 모든 메일을 확인했다(지진 발생부터 한 달간 569건의 토픽이 언급되었다). 아직 표에 기입되지 않은 프로젝트와 진척 정보를 보충하고, 다음날 메일링 리스트에는 지금 누가, 어떤 프로젝트를 진행하는지 대충 읽으면 전체적인 상을 파악할 수 있도록 간단한 '요약' 문장을 올렸다.

그런 다음 각 프로젝트에 우선 순위를 정했다. 필요하면 각 프로젝트 담당자로부터 프로젝트의 자세한 내용을 듣고 임시 우선순위를 정해 그 다음 회의에서 어떻게 할지 논의했다.

"그런 상황 하에서는 무엇이 좋고 무엇이 나쁜지, 무엇을 해야 하고 하지 말아야 할지 판단해 줄 사람이 필요했어요. 판단이 100% 정확하다, 정확하지 않다가 아니라 누군가 통일된 의견을 제시하는 것이 중요했는데 엘리스가 신속하게 정리해 준 것이 (구글) 도쿄에서 빠른 속도를 낼 수 있었던 이유 중 하나라고 생각합니다"라고 도쿠세이는 회상했다.

우선도 기준 1 : 중요성

───── 지진이 발생한 직후, 우선적으로 인명에 관한 프로젝트가 진행되었다. 그 이외는 어떨까. 도쿠세이의 기준은 이랬다.

"먼저, 얼마나 정보가 중요한가, 그리고 얼마나 활용될 수 있는가를 생각했습니다. 이것은 평상시 제품개발 때와 똑같은데, 하다 보면 혼자만 신나는 경우도 있어요. '이건 중요하다'고 혼자 생각하면 그것을 만든 스스로는 만족할 수 있지만 실제로는 거의 쓰지 않는 경우가 많아요."

　도쿠세이의 기준에 의해 걸러져서 제안한 프로젝트를 포기한 엔지니어도 많았다. 유튜브의 프로덕트 마케팅 매니저인 하세가와 야스시는 지진 발생 다음날인 3월 12일, 유튜브를 사용해 동영상판 퍼슨 파인더를 만들고 싶다는 제안을 했다. 대피소에 있는 사람이 유튜브로 동영상을 만들어 자신들의 안부를 전하면 안심할 수 있는 사람도 많을 거라는 아이디어였다.

　하세가와는 하루에 여러 번 이루어진 재해 대응팀 미팅에서 동영상도 하고 싶다고 제안했다.

　"처음 제안했을 때는 전혀 평가받지 못했어요. 실시하기 위해서 현지 동영상을 어떻게 모을지, 어떻게 권리처리를 할지, 또 어떤 기술로 동영상 정리를 할지, 거기까지 구체적인 실행안을 생각해서 제안해 달라고 했죠."

우선도 기준 2 : 음미할 수 있는 정보인가

──────── 중요한 사안이고 많은 사람이 관심을 갖고 있었지만 중단한 정보도 있다. 그것은 바로 '방사능 오염'에 관한 정보였다. 지진 발생 직후의 일요일인 3월 13일 시점에서 구글은 방사능에 관한 토픽도 다룰 예정이었다. 웹 마스터 미우라는 '원전에서 방사능 물질이 누출해 위험하다'는 뉴스가 신경 쓰여 '바람 방향 등의 정보를 지도에 나타낼 수는 없을까' 하고 생각했다. 그리고 사내의 관련되는

팀에 문의해 보니 풍향 자료가 있다는 것을 알았다.

그러나 방사능에 관한 정보는 해석을 더해서 발표한다고 해도 문제를 부를 것 같고, 그대로 정보만 내보내면 이용자는 어떻게 판단해야 할지 알 수 없을 것이었다. 결과적으로는 불안을 부채질해서 혼란만 증폭시킬 수도 있었다.

그래서 도쿠세이는 약간 보수적 태세라고 생각하면서도 방사능 관계 자료는 다루지 말자고 최종 판단했다. 재해 대응팀에서는 방사능에 관련된 정보 서비스의 아이디어가 많이 나왔고 그것이 리스트화되었지만 결국 전부 단념하기로 했다.

이 판단에 대해서는 지금도 의견이 엇갈리는 부분인데, 우리가 취재하던 중에도 재해 대응팀 멤버들 가운데 "역시 그때 정보를 내보내야했다"는 의견도 있었다. 수정을 더하지 않고 정보를 내보내면 그것은 그대로 논의의 토대가 된다는 것이다.

우선도 기준 3 : 이미 다른 회사에서 하고 있지 않을까

──────── 프로젝트 추진 여부를 판단하는 기준의 재료는 하나 더 있다. 그것은 '다른 회사가 이미 하고 있지 않은가'이다. 예를 들어, 퍼슨 파인더는 재해 발생부터 날짜가 경과할수록 필연적으로 필요성이 낮아진다. 사용자로서는 안부를 확인하면 다시 방문할 필요가 없기 때문이다. 이것은 앞에서 소개한 특설 페이지에는 재해 당일부터 날짜가 경과할수록 '긴급대책'에서 '복구작업'으로 적절한 정보가 바

뛸 수 있다는 것이고 그렇다면 '모든 서비스를 자사에서 준비할 필요 없이, 경우에 따라서는 타사의 서비스를 실어야 한다'고 도쿠세이와 미우라는 생각했다. 실제로 구글의 재해 대응 특설 페이지에는 야후 재팬과 '서로 돕는 재팬(助け合いジャパン)' 같은 자원봉사 활동으로 연결되는 링크도 게재되었다. 마찬가지로 야후 재팬도 구글의 재해 대응으로 이동할 수 있도록 했다.

정보 서비스는 많을수록 정보가 분산된다. 기초가 되는 정보 축적지(데이터베이스)로써 같은 것을 공유하면 그럴 염려는 없지만 다른 데이터베이스를 갖고 있으면 대피소 정보든 지원물자, 식사 제공지의 정보든 분산되어서 도움이 되지 않는 경우가 많다. 또, 회사조직이 아니라 개인과 그룹으로 정보활동을 하는 사람들은 자신의 신념이 조금 꺾여도 다양한 사람의 의견을 받아들이는 것으로 더 좋은 활동을 할 수 있을지 모른다.

우선도 기준 4 : 지속가능성

———— 프로젝트의 추진 여부를 판단하는 기준이 또 하나 있다면 그것은 프로젝트의 지속가능성이다. 사실 지진 발생 직후, 나(하야시)는 NTT동일본(NTT東日本, 통신업체)이 트위터를 통해 공개하기 시작한 대피소 특설공중전화 장소를 개인적으로 구글 맵에 정리했다. 일본어 정보로는 피해현장의 외국인이 알 수 없을 거라고 생각했기 때문이다. 실제로 맵을 만들기 시작하자 정보를 복사할 때 차질이 있

었는지 존재하지 않는 학교 이름도 나왔는데, 그런 정보에 대해서는 NTT동일본의 트위터 어카운트로 직접 질문하거나 그 지역을 잘 아는 사람에게 트위터로 조언을 받았다.

정보를 정리하는 데 반나절 정도 걸렸는데 자신의 트위터 어카운트로 다른 정보가 밀리지 않도록 한 번만 올렸다. 그러나 그 후, 특설 공중전화가 추가되는 상황을 보고 '이것은 내가 지속할 수 없겠다'고 생각해 포기했다. 포기한 이상 만든 정보를 삭제하거나 글을 삭제하지 않으면 잘못해서 이미 지난 정보에 접속하는 사람이 생길 수 있다. 그렇지만 반나절 걸려 만든 정보를 그대로 버리기는 아까웠다. 신뢰했던 재해정보 사이트 중 하나에 정보제공 창구가 있어서 그곳에 왜 특설공중전화 설치 장소의 지도화가 필요한지 그 이유와 그전까지의 성과, 그리고 지속적인 갱신을 단념한 이유를 첨부해 송신했다.

구글에서도 엔지니어는 데이터를 입력하는 수고를 줄이기 위한 방법을 고민하는 등, 시스템 측에 프로젝트를 지속하기 쉬운 구조로 만들도록 지시했다. 웹 마스터는 상황에 따라 중요하지 않은 정보를 정리해서 필요한 정보가 보이기 쉽도록 배려했다.

우선도가 낮다 = 프로젝트의 끝이 아니다

──────── 앞서 재해 대응팀의 미팅에서 우선도가 낮아 사라진 프로젝트도 있다고 했는데, 관리자가 '불채용'을 결정해도 만드는 쪽에서 열의가 있으면 계속되는 것이 구글의 특징이다.

예를 들어, 미팅에서 동영상판 퍼슨 파인더 프로젝트를 제안했다가 통과되지 않은 하세가와 야스시는 이 아이디어를 포기하지 않았다. 그는 유튜브 생방송에서도 협력기관이었던 TBS와 상의하여 피해현장에서 촬영한 대피소 등의 취재 촬영에 어디서 취재했는지 알 수 있는 정확한 장소 정보를 더해 유튜브의 TBS 공식채널에 게재해 달라고 제안했다. 그런 다음 유튜브상에 '소식·정보채널'을 만들었다. 그리고 가족과 지인에게 보내는 메시지를 발신하는 동영상을 재생 리스트화해서 이름과 대피소에서 검색할 수 있게 했다. 후에 아사히 TV도 여기에 동참해 주었다.

그 외에도 도쿠세이에게 인정받지 못한 서비스가 있다. 그것은 '애니멀 파인더'라는, 행방불명된 동물을 찾는 서비스다. 도쿠세이는 인명을 다루는 서비스가 더 중요하다는 판단으로 '애니멀 파인더'는 구글의 재해 대응 서비스 중에서는 우선도가 낮은 서비스로 중요도를 정했다.

"그렇다고 그만 두라는 것은 아닙니다. 구글은 업무 시간의 5분의 1을 좋아하는 프로젝트에 쓸 수 있는 20% 룰 제도가 있어요. 꼭 할 필요가 있다고 생각하면 그 20% 안에서 만들어 발표할 수 있습니다." (도쿠세이)

실제로 시니어 엔지니어링 매니저인 오이카와 타쿠야와 소프트웨어 엔지니어인 가와구치 료는 그 말대로 해보였다. 구글에 지인이 있는 사람들로부터 동물판 퍼슨 파인더 서비스를 바라는 의견이 다수 전달되었는데 오이카와는 이런 요구를 집약해 가와구치가 모았던 의견을 토대로 이것을 형태화했다. 인간과 달리 동물은 자신의 이름을 말할 수 없으니 사진을 넣는 기능을 더해야만 했다.

퍼슨 파인더를 토대로 엔지니어, 다카하시 슈헤이와 서비스를 개발해 공개했는데 순식간에 엄청난 양의 정보가 모였다. 예상을 웃도는 반향을 인지한 도쿠세이도 "주인과 애완동물을 얼마나 다시 만나게 했는지는 모르지만 반향을 보면 나의 판단이 잘못되었거나 중요성을 과소평가한 것인지 모르겠습니다" 하고 회상했다.

무엇이 중요하고 무엇이 중요하지 않은지 우선순위를 정확히 판단하는 것은 매우 어렵다. 관리자와 엔지니어 사이에는 이번만이 아니라 빈번하게 의견 충돌이 일어난다고 한다. 그러나 이러한 판단과 기준 없이 이 일을 추진했다면 분명 누구에게도 도움이 되지 않는 불필요한 개발과 비슷한 서비스가 난립하여 단기간에 그렇게 많은 유익한 서비스를 만들지 못했을 것이다.

Animal Finder(동물소식 · 정보): 2011 동일본 대지진

식별 정보

기본 정보

종류: 개
종별: 골든 리트리버계 잡종 검은색
성별: 수컷

발견 장소 또는 실종 장소

도도부현(都道府県): 후쿠시마현
시구정촌(市区町村): 미나미소마시
나머지 주소, 그 외: 하라마치(原町)구 시모오타 도우치사쿠(下太田道内迫)

그 외 정보

관리번호 2011-
수용일 2011/04/11
수용장소: 미나미소마시 하라마치구 시모오타 도우치사쿠
동물종별: 개   크기: 大
종류: 잡종(골든 리트리버계)
성별: 수컷
나이: 알 수 없음
털 색깔: 검정 (가슴이 일부 흰색)   털 길이: 길다
목줄: 빨간색 가죽 목줄

사진

상황은 투고되지 않습니다

이 동물의 상황에 대해 알려 주세요

이 동물의 상황

    이 동물의 정보를 찾다

메시지(필수)

이 동물을 찾는 사람, 혹은 보호하고 있는 사람에게 보내는
메시지

이 동물을 최초로 발견한 장소

주소를 입력하거나 아래 링크로부터 지도의 접속 핀을 움직여서 장소를 지정해 주세요

지도를 표시

이 동물의 현재 연락처 정보

현재 이 동물과 연락을 취할 수 있는 수단을 지정해 주세요.

전화번호:
메일 주소:

당신에 대해서(필수)

이 동물을 찾는 사람, 혹은 보호하는 사람이 당신과 연락할 수 있는 수단을
지정해 주세요   당신의 이름:

당신의 전화번호:

당신의 메일 주소:

이 동물의 신착 정보를 □
메일로 받는다

    이 기록을 보존

퍼슨 파인더를 토대로 개발된 '애니멀 파인더'. 견종과 사진 등의 항목이 추가되어 있다.

재해 대응 서비스 홍보

//

구글의 '재해 대응'에서는 엔지니어가 잇따라 서비스를 만들었다. 만들어진 서비스를 많은 사람에게 알리기 위해 마케팅과 홍보부는 다양한 형태로 정보를 발신했다.

마케팅과 홍보 담당자도 재해 대응에 참가하다

──────── 재해 대응은 엔지니어가 빠른 속도로 서비스를 개발했기 때문에 가능했지만 이들 서비스는 많은 사람이 사용해야 비로소 의미를 갖는다. 구글의 재해 대응을 신문과 TV를 통해 안 사람이 적지 않았는데 그 이면에는 가능한 한 많은 사람에게 서비스와 정보를 전달하려고 한 마케팅과 홍보 담당자의 노력이 있었다.

지진이 발생하기 전까지는 당연히 모두 평소대로 일하고 있었다.

홍보부의 도미나가 사쿠라는 새 서비스에 대한 사내용 리포트를 작성하고 있었고 바바 야스지, 스가 겐토 등의 마케팅팀은 3개월을 소비한 대형 캠페인의 최종 단계인 광고제작과 클라이언트와의 미팅에 눈코 뜰 새 없이 바빴다.

지진 발생 후 혼란스런 상황 속에서 홍보부의 미야케 가오리는 재해 대응의 시작을 알리는 기사를 공식 블로그에 올렸다. 그 후 도미나가 등은 공식 블로그와 트위터 공식 어카운트를 통해 재빨리 서비스를 고지했다. 또, 대중매체에 대해서도 재해 대응이 시작된 것을 메일과 전화, 팩스로 전달했다.

사내에 남아 있던 마케팅팀은 진행 중인 캠페인 관련 작업은 그대로 계속하면서 정보 수집 등 재해 대응 업무도 병행했다.

재해 대응 광고를 방송하다

───── 새로운 주가 시작된 14일(월), 마케팅 본부장인 이와무라 미키는 캠페인의 주요 이벤트였던 TV 광고에 대해 자숙하기로 결정했다. 이 시점에서 지명도를 높이기 위한 광고를 방영하는 것은 적절하지 않다고 판단했기 때문이다. 시간과 수고를 들여 제작한 광고가 보류된 것에 마케팅 팀원들은 낙담했지만 그 대신 할 수 있는 것을 하자고 분위기를 바꿨다.

지진 발생 직후부터 TV 광고의 자숙이 이어지면서 이 틀을 메우는 형태로 공익광고기구(AC)가 제작한 광고가 대량으로 방송되었다. 구글 사내에서도 공익광고기구가 제작한 광고를 내보내는 것이 좋겠다는 의견도 나왔는데, 구입한 광고 시간을 사람들에게 도움이 되는 정보제공으로 쓰자는 의견이 더 우세했다.

바바와 스가는 서둘러 재해 대응 특설 페이지를 소개하는 간단한 광고를 만들었다.

"엔지니어들이 엄청난 속도로 재해 대응 특설 페이지를 만들었기 때문에 지금은 그것을 모두에게 알리는 것이 우리의 역할이라고 생각했습니다."(바바)

"이 시기에 광고를 한다는 것은 조금 위험했어요. 어떤 광고든 회사 홍보를 위한 것이라고 비난받을 우려가 있었지만 그래도 결국 감당해야 할 리스크라고 생각했어요."(스가)

18일(금), 서둘러 작성한 TV 광고는 전국으로 방영되었다. 마케팅 팀은 TV 광고의 제작과 병행해 다양한 매체에 광고 원고를 보내는 작업을 진행했다. 이들 광고 출고(出稿)는 원래 예정에는 없었기 때문에 처음부터 전부 새로 작업해야 했다. 먼저, 피해현장의 대피소에도 신문이 배달된다는 정보를 얻은 후, 19일(토) 전국지 지방판과 지방 신문에 광고를 출고하는 계획을 세웠다.

또, 구글 도쿄지사로서는 처음으로 라디오 방송도 하기로 했다. 구글에서는 재해 대응 특설 페이지용에 'goo.gl/saigai'라는 단축 URL을 준비했는데 라디오 광고에서는 오로지 URL을 반복했다.

마케팅팀의 네고로 가오리는 온라인 결제 서비스인 구글 체크아웃(Google Checkout)을 사용하여 일본적십자사로 모금할 수 있도록 적십자사와 협상했다. 그렇게 해서 13일(일)에는 재해 특설 페이지에 모금 기능이 추가되었다. 히라야마 게이코는 퍼슨 파인더를 알리는 전단을 만들어 피해현장의 대피소에 배포하도록 준비했다.

홍보부는 미디어 대응과 사내의 중개역할에 분주

──────── 한편, 홍보부도 정신없이 바쁘게 움직였다. 일본에서 재해 대응이 개시된 후 구글 미국 본사의 공식 블로그에도 동일본 대지진에 대한 정보를 게재하게 되었다. 도쿄 지사 홍보부의 크리스틴 첸(Christine Chen)은 미국 본사와 긴밀히 연락을 취해 일본 상황을 상세히 보고했다. 어느 해외 미디어에 어떻게 정보를 발신해야 할지도 재빨리 판단했다. CNN, ABC 같은 미국의 대형 미디어가 도쿄 지사의 재해 대응을 시작단계부터 보도한 것은 이러한 홍보 활동이 있었기 때문이다. 구글에서는 업무에 관한 한 담당 직원에게 재량이 주어지는데, 홍보부도 예외는 아니다. 대략적인 홍보 방침에 대해서는 사전에 홍보부장과 상의하지만 개개의 홍보 활동에 대해서는 각 담당자에게 일임된다.

"가장 고마웠던 것은 11일에 NHK가 퍼슨 파인더를 언급하며 여러 번 고지해 준 거예요. 그 후에도 아사히 TV가 아침 방송에서 대피소 명단 공유 서비스를 소개하고, 마이니치신문 기자는 그쪽 판단으로 대피소 장소 리스트를 확보해 주는 등 많은 분들에게 도움을 받았습니다."(도미나가)

지진이 발생하고 나서 약 2주 동안 네고로 등의 마케팅팀과 홍보부 직원들은 매일 밤 21시경에 미팅을 했다. 사내에 없는 사람들은 화상 채팅으로 참가했다. 굳이 이 시간대로 정한 것은 엔지니어가 개발하는 서비스의 완성도가 공개할 수 있는 수준이 되는 것이 밤이었기 때문이다. 마케팅과 홍보 담당자는 서비스의 정보를 공유해 홍보 준비를 하거나 전체적인 방침에 대한 의견을 통일했다.

"절전에 도움이 되는 서비스를 개발하는 것은 어떨까 하는 의견도 엔지니어 쪽에서 있었는데 그것은 우선도가 낮은 것으로 분류됐어요."(도미나가)

"매일 밤 늦게까지 미팅을 하다 보니 어느새 여직원들도 아무렇지 않게 민낯으로 참가하게 되었죠 (웃음)."(네고로)

서비스 개발을 맡은 엔지니어들은 어떤 의미에서는 가장 인기 있는 스타였는데, 그 뒤에는 다양한 입장을 가진 사람들이 자신이 할 수 있는 일을 하려고 고군분투한 현장이 있었다. 세상에 알려지지 않은 조력자 역할을 한 사람은 셀 수 없이 많다. 재해지원을 나선 사람의 일을 대신한 사람과 집에 돌아갈 수 없는 사람을 위해 방을 제공한 사람, 야식을 사러 간 사람… 등등 스포트라이트는 받지 못했지만 그것들은 누군가에게 분명히 재해 대응이었다.

재해 상황이 되었을 때 독자 여러분의 직책과 보유한 기술로는 어떤 행동을 취할 수 있을까? 이러한 구글의 홍보활동이 좋은 본보기가 되지 않을까 생각한다.

직원들에게 힘이 되어준
파스타 저녁 식사

//

구글 재해 대응팀의 분투는 많은 직원들의 지원으로 가능했다. 특히 감사했던 것이 숨은 공로자인 푸드 스태프의 세심한 배려였다.

식사야말로 이노베이션을 만들어내는 원동력

————— 즐거울 때도, 슬플 때도, 불안한 때도 배고픈 것이 인간이다. 공복이 지속되면 사람은 비참한 기분이 든다. 반대로, 맛있는 식사로 배를 든든히 채우고 누군가와 함께 있을 수 있다면 어려움을 극복할 기운도 샘솟는다.

동일본 대지진에서는 일상의 식사에 대한 고마움을 다시 한 번 느낀 사람도 적지 않다. 피해현장의 대피소에는 먹을거리가 충분하지 않아서 고생한 사람이 많았다. 수도권은 손해가 적었을지 모르지만 지진 발생 이틀 후부터는 전국의 편의점과 마트에서 식료품이 사라졌다. 불안한 마음에 상품을 사재기한 사람이 있었다는 보도는 내 기억에도 새로운 것이었다. 현대 일본에서 먹을거리가 부족한 상황이란 오랫동안 없었던 일이다.

지진 발생 직후부터 롯폰기의 구글 지사에서는 재해 대응이 시작되어 퍼슨 파인더가 만들어지고 구글 직원들은 특설 사이트 제작과 다양한 서비스 개발, 다양한 정보수집으로 잠자는 시간도 아껴가며 작업에 몰두했다. 그런 그들에게 힘이 되어준 것 중 하나가 식사였다. 재해 대응에 대해 구글 직원들을 취재하자 모두 지진 발생 당일에 저녁 식사로 나왔던 파스타에 감동받았다고 입을 모아 증언했다.

구글이라는 회사는 평소에도 식사를 중시한다. 구글 도쿄 지사에도 넓은 카페테리아가 있어서 일식, 양식, 중식으로 구성된 수십 종류의 요리가 제공된다. 디저트와 음료도 풍부하게 갖춰져 있어 직원은 무료로 자유롭게 먹고 마실 수 있다. 구글 창업자인 래리 페이지(Larry Page)는 '모든 직원이 음식으로부터 150피트(약 45m) 이상 떨어지면 안 된다'는 신념을 갖고 있다.

도쿄 지사에는 카페테리아 외에도 7곳의 마이크로 키친이 있어서 음료와 스낵, 과일, 샌드위치 등 가볍게 허기를 채울 수 있는 음식이 늘 준비되어 있다. 이 정도로 카페테리아와 마이크로 키친이 충실하게 갖추어져 있는 것은 이곳이 커뮤니케이션 공간으로써의 역할을 톡톡히 하기 때문이다. 이렇게 직원끼리 자유롭게 소통할 계기가 사내 곳곳에 마련되어 있는 것이 구글의 특징 중 하나다.

도쿄 지사의 카페테리아를 관리하는 것은 푸드 매니저인 아라이 시게타다. 아라이는 수십 명의 푸드 스태프를 지휘해 메뉴 정하기, 식재료 매입, 위생관리 등의 업무를 맡고 있다.

지진 발생 당일, 직원을 안심시킨 저녁 식사

————— 2011년 3월 11일 14시 46분, 점심 식사 제공을 마무리한 아라이는 휴식을 취하고 있었다. 갑자기 이상한 흔들림에 놀란 아라이는 바로 스태프에게 지시해 불을 사용하는 조리도구와 전원의 안전을 확인했다. 동시에 정보수집과 식재료 확인 작업을 시작했다. 지진 피해는 어느 정도인지, 사내에 있는 설비와 식재료, 조미료에 손해는 없는지, 재고는 충분한지 확인했다.

3월 11일은 금요일로, 보통은 카페테리아에서 저녁을 먹는 직원이 적기 때문에 식재료는 거의 쓰지 않았다. 그러나 정보가 확인되면서 집에 돌아갈 수 없는 직원이 상당수에 이른다는 것을 알게 되었다. 그래서 식재료를 조사하여 어떤 요리를 얼마나 만들 수 있을지 대략 계산해서 저녁 식사가 필요한 경우를 대비했다. 그 후 출근하지 않은 직원의 안부 확인, 식재료 납입업자의 상황확인, 저녁 식사 준비 등의 작업을 하다 보니 저녁이 되었다.

저녁 8시 반이 되자 예상했던 대로 저녁 식사가 필요하다는 것을 알게 됐다. 집에 돌아가지 못한 직원은 수백 명이 되는데 주변 음식점도 서둘러 문을 닫았고 식료품을 파는 가게도 거의 없었다.

푸드 스태프 가운데 11명도 집에 돌아갈 수 없는 상황이었다. 아라이는 그들을 저녁 식사를 준비하는 그룹과 이후 작업을 하는 그룹의 2개 조로 나눠 작업을 시작했다. 이때의 메뉴는 일본식 소스, 크림소스, 토마토소스 이렇게 3종류의 파스타였다. 아라이가 저녁 식사 제공을 시작한다는 내용을 사내 메일로 전달하자 수백 명의 직원이 식당으로 몰려들었다. 본래는 저녁을 제공할 예정이 아니었기 때문에 식재료도 충분하다고 할 수 없었지만 어중간하게 남아 있던 식재료를 임기응변으로 사용해 겨우 200~300인분의 저녁을 제공할 수 있었다.

여진이 이어지는 가운데 갓 요리한 따뜻한 파스타를 같이 먹는다는 것이 얼마나 모두를 안심시켰는지 모른다.

"정말 고마웠어요. 뭔가 해야 하는 초조한 상황에서 허기진 상태로 머리를 쓰면 부주의로 인한 실수가 늘어나고 사소한 말다툼이 생기죠. 그러나 배가 부르면 사람은 옥신각신하지 않아요."(시니어 엔지니어링 매니저, 가자와 히데토)

저녁 식사 제공이 끝난 후 아라이와 푸드 스태프도 한숨 돌릴 수 있었다. 날짜가 바뀌어 토요일 첫차로 스태프들을 귀가시키고 나서야 아라이도 오전 중에 퇴근했다. 토요일에는 집에서 메일로 식자재 납품업자에게 상황을 문의해 어떻게든 다음 주부터는 식재료를 받기로 했다.

직원의 출근상태를 파악해
카페테리아를 효율적으로 운영하다

─────────── 새로운 주가 시작된 3월 14일(월). 롯폰기에 있는 구글 도쿄 지사의 회사 문은 열려 있었지만 출근하는 직원은 평소에 비해 크게 적었다. 원래 구글은 일하는 장소를 비롯하여 직원 본인 재량으로 결정할 수 있는 부분이 많다. 이때는 지진으로 인한 불안과 교통기관의 불안정한 상황 때문에 자택의 가족 곁에 있었던 직원도 적지 않았다.

이런 상황에서도 아라이를 비롯한 푸드 스태프는 평소대로 식사를 제공하기 위해 바삐 움직였다. 다른 때보다 영업 시간을 30분 정도 단축하고 저녁 식사는 사전 주문제로 시행했지만 가능한 한 메뉴의 품목을 줄이지 않았다.

"상황이 어렵다고 해서 컵라면 정도로 해결하는 것은 좋지 않다고 생각했어요. 이런 때야말로 품목도 줄이지 않도록 하자고 마음먹었죠. 대량으로 조리하면 편하지만 이용자의 숫자를 파악할 수 없을 때 그렇게 하면 식재료 낭비가 되잖아요. 가능한 한 적은 양을 조리할 수 있도록 계획을 세워 대처했습니다." (아라이)

평상시라면 대개 요일마다 이용자 수가 정해져 있어서 음식의 양과 스태프의 인원도 사전에 계획할 수 있는데 이용자 수가 불규칙하면 계획하기 어려워진다. 아라이는 이용자 수를 최대한 정확히 예측하기 위해 엔지니어와 의논했다. 이때 나온 아이디어가 직원 카드를 이용하는 방법이었다. 구글에서는 보안을 위해 도어 록 해제에 직원 카드를 사용해서 직원이 어디를 통과했는지 확인할 수 있게 되어 있다. 출퇴근을 기록하는 근태관리를 하지는 않지만 이를 통해 직원 카드 사용 상황 데이터는 얻을 수 있기 때문에 이것을 카페테리아 이용자 수 예측에 사용하기로 한 것이다.

1:00~10:00 시간대의 출근 상황 자료는 점심 식사 이용자 예측에, 10:00~15:00 시간대의 출근 자료는 저녁 식사 이용자 예측에 각각 사용해 음식의 양과 스태프 인원을 조정했다. 이용 후의 트레이를 세어 실제 이용자 수와 비교해 보니 자료의 정확성이 꽤 높아서 효율적인 스태프 운용이 가능했다.

이후 4월에 접어들자 또 다른 문제가 생겼다. 그것은 식재료 공급에 관한 것이었다. 대형 식자재 납품업자에게는 재고가 많아서 3월에는 채소 이외의 식재료에 문제가 없었는데 4월이 되자 부족한 품목이 생기기 시작했다.

"황금연휴가 시작되기 전에 페트병 음료와 유제품은 이미 고갈 상태였어요."(아라이)

아라이는 여러 업자에게 연락을 취해 평소와는 다른 제조사의 제품을 그때마다 구입하는 등 미세하게 문제를 조정해 나갔다. 자동판매기('판매'라고는 해도 구글 사내에서는 무료로 이용할 수 있다)의 음료도 소비량의 추이와 재고상황, 대체제품에 대한 자세한 내용을 업자에게 전달받아 품절 상태가 일어나지 않도록 세심한 주의를 기울였다.

음식은 모든 것의 인프라

——————— 동일본 대지진 속에서 구글은 맹렬한 기세로 퍼슨 파인
더를 시작으로 하여 다양한 서비스를 개발했다. 그러나 재해 대응은
푸드 스태프를 비롯해 많은 사람들의 후원이 있었기에 가능했다. 이
번 재해에서는 구글의 사무실이 롯폰기 힐즈에 있었다는 것도 행운이
었다.

"계획정전으로 다른 기업에서는 따뜻한 식사를 제공하지 못한 직
원식당도 있었습니다. 우리는 자가발전을 하는 롯폰기 힐즈에 있었
기 때문에 가스와 전기를 쓸 수 있어 정말 큰 도움이 되었어요. 전기
가 끊겼다면 나도 따뜻한 식사를 제공하겠다는 생각을 포기할 수밖
에 없었을 겁니다." (아라이)

재해가 발생했을 때 기업에게는 재해 직후의 피난과 구조 활동뿐
아니라 사업지속(Business Continuity)도 중요한 과제가 된다. 평상시
에는 간과하는 경향이 있지만 식사는 사람들을 안심하게 만들어주는
중요한 부분이다. 구글 카페테리아 에피소드는 평상시의 업무를 비상
시에도 그대로 유지하는 것이 얼마나 중요하고 또 어려운지에 대한
많은 교훈을 준다.

72 hours at Google

4장

지진 재해로 배운
IT의 미래 과제

피해현장에서 IT는 도움이 되었을까

//

지금까지는 지진 발생 직후의 구글 대응을 소개했다. 피해가 적었던 수도권과 서일본에서는 트위터와 구글의 재해 대응이 주목을 받았다. 그렇다면 피해현장에서 이들 서비스는 실제로 도움이 되었을까?

피해현장에서는 지명도가 낮았던 재해 대응

———— 지진 발생 직후, 인터넷상의 각종 지원 서비스는 정말 사람들에게 도움이 되었을까? 그것에 대한 답은 간단히 내릴 수 없다. 피해현장 지역은 너무 넓고 피해상황은 천차만별이었다. 처한 상황에 따라 피해자가 원하는 정보도 완전히 달랐기 때문이다.

큰 피해를 당한 도호쿠 지방 연안의 경우, 가장 먼저 알고 싶었던 정보는 피난장소와 여진에 대한 대처법이었을 것이다. 큰 흔들림을 느낀 정도에서 그친 도쿄에서는 귀가를 위한 교통수단이 가장 궁금한 정보였다. 그리고 어디서 어떤 형태로 피해를 당하든 누구나 공통으로 원했던 정보는 가까운 사람들의 안부였다.

지진 발생으로부터 불과 1시간 46분 후, 구글은 안부확인 서비스인 '퍼슨 파인더' 제공을 개시했고, 이후 17시 7분에는 재해 대응 페이지를 만들어 지진 정보를 게재하기 시작했다. 그것은 즉시 트위터 등으로 알려져 큰 화제를 불렀는데, 피해가 컸던 도호쿠의 피해현장에서 널리 이용되었다고는 말하기 어렵다. 이 책을 쓴 우리들은 지진·해일 피해를 당한 도호쿠 지방 해안지역을 중심으로 취재하면서 지인과 관계기관 외에 불특정 다수의 사람들이 모여 있는 모임에도 참가했는데, 퍼슨 파인더를 비롯한 서비스 활용도는 인프라의 상황과 이용자의 정보활용 능력에 따라 큰 차이가 있었다.

정보에 대한 요구가 없었던 것은 아니다. 안부 정보 외에도 자신이 사는 지역의 피해상황과 구조물자를 얻을 수 있는 장소, 정전 기간 등 원하는 정보는 많았다. 그러나 그것들에 접근하는 데 필요한 전기나 통신 인프라를 이용할 수는 없었다.

총무성의 보고[7]에서는 도호쿠·간토(関東)의 휴대전화 기지국 약 7만 곳 가운데 사용량이 절정인 때는 약 1만 4,800곳이 정파(전파의 송수신이 불가능한 상태)되었다고 한다. 유선전화 회선도 도호쿠 지방의 계약회선 270만 건 가운데 사용량이 가장 많은 피크 때는 100만 건이 불통상태였다.

미야기현 와타리군(亘理郡) 야마모토초(山元町)에서는 통신 인프라는 커녕 지역 내 방재 무선설비도 지진의 영향으로 완전히 망가졌다. 큰 지진·해일이 있었던 기센누마와 이시마키도 며칠 동안 외부에서 전혀 연락을 할 수 없는 상태였다.

이 두 도시는 인구 100만 명이 넘는 정령(政令) 지정도시(지방자치법에 근거해 내각의 정령으로 지정한 도시. 한국의 '광역시'에 해당한다―옮긴이)로, 이번 피해현장 지역 가운데 가장 큰 도시인 센다이에서도 약 5일 동안 전화 혼란 상태가 계속되었다. 또, 대부분의 지역에서 전기복구에 2~5일, 수도가 약 1주일, 도시가스 복구에는 약 1개월이 걸렸다고 한다.

지역에 따라 피해상황은 천차만별

———— 앞서 말한 것은 어디까지나 피해현장의 상황을 평균화한 것으로, 피해자 한 사람 한 사람은 전혀 다른 상황에 처해 있었다. 예를 들어, 센다이 시청에서는 자가 발전기 전력을 사용해 정전 중에도 TV 시청과 휴대전화 충전을 할 수 있었다. 가호쿠신보사(河北新報社)도 3월 11일은 자가발전을 했는데 12일 오후에는 복구되었다.

자가용을 소유한 사람은 시동을 걸고 라디오와 TV를 볼 수 있었다. 하이브리드 차를 사용해 휴대전화를 충전한 집도 있다. 일반 가정의 인터넷 회선 역시 지진 발생 당일에 사용할 수 있던 곳도 있었고, 끊겼지만 다음날에는 복구된 곳도, 또는 한동안 사용할 수 없었던 곳도 있었다.

의외로 센다이 시내에서 지진 직후에도 휴대전화가 터졌다는 증언이 많다. 센다이 시청 직원에 의하면 지진 후 10분 정도는 휴대전화를 통한 메일로 가족의 안부를 확인할 수 있었다고 한다(그 후는 연결되지 않았다).

센다이시 북부의 주택가에 살고 있는, 인재육성 사업을 하는 와타나베 가즈마에 의하면 3월 11일은 센다이 시내 중심부 일부 외에 피난 장소인 미야기현 남부 가쿠다(角田)시에서도 NTT도코모와 이모바일(eMobile, 이동통신업체)을 이용할 수 있었다. 컴퓨터 그래픽 전문가인 가노 마모루는 소프트뱅크 휴대전화도 지진 당일부터 다음날 아침까지는 연결되었다고 증언했다.

3월 11일 당일에는 접속 상황이 좋지는 않아도 모든 회선이 연결되었는데 3월 12일부터는 연결되지 않았다. 이것은 아마 휴대전화 기지국의 예비전력이 끊겼기 때문일 것이다. 이번 취재에서는 지진 발생 직후 센다이 시내에서 에이유(au, 이동통신업체 KDDI의 휴대전화 브랜드—옮긴이)를 이용한 사람을 우연히 만났는데 NHK과학문화부 블로그인 'NHK카분블로그(NHKかぶんブログ)'가 트위터에서 실시한 조사 리포트 '지진 재해와 휴대전화, 그 조사결과를 정리했습니다'[*8]를 보면 에이유의 상황도 거의 똑같았다고 할 수 있다.

한 대피소의 통신상황

──────── 휴대전화가 불통이었다고는 하지만 몇 번에 한 번 꼴로 연결된 사람도 있고 수십 번에 한 번 연결된 사람도 있다. 아무튼

평상시보다 자유롭게 인터넷을 이용할 수 있었던 것은 아니라서 한 사람 한 사람이 안부를 전하기 위해 정보를 얻으려고 노력했다.

지진 발생 후 센다이의 대피소에서 하룻밤을 보낸 후 집으로 돌아간 가노는 4, 5일 동안 지인과 연락할 수 없었다. 아이폰으로 트위터에서 정보를 얻으려 했지만 연결되나 싶더니 몇 시간 후에야 연결되기도 했다.

이런 상황 속에서 평소 이용한 적 없는 응급 사용 서비스의 존재를 알기란 쉽지 않다. 반면에 많은 사람이 평상시에 익숙하게 사용한 트위터는 자신의 안부 정보와 알고 싶은 정보에 대해 짧은 글로 보낼 수 있고, 자신에게 온 정보를 한 번의 접속으로 한꺼번에 읽을 수 있기 때문에 더 중시되었다(앞으로 피해현장을 지원하는 정보 서비스를 만들고 싶다면 이 점을 고려하는 것이 좋다). 피해현장 중에서도 비교적 인프라가 잘 정비되어 있었던 센다이에서는 지진 발생 직후에 이용했던 서비스로 트위터를 꼽는 사람이 많았다.

지진 발생 당일, 가노가 트위터에 글을 올리자 많은 사람이 '살아 있었구나!', '살아 있으니 정말 다행이다'는 내용의 댓글들을 달아주었다. 그러나 그 글로 사태의 심각성을 알고 불안해하는 사람들도 많았다. 사흘 동안 TV를 볼 수 없어서 무슨 일이 일어났는지 전체상을 전혀 파악하지 못하는 상황에서 근처 가게나 개인의 피해 상황이 이름과 함께 트위터의 타임라인에 떠돈다…. 그것은 지금까지 없었던 충격적인 체험이었다고 한다.

가노는 그 후 집에서 전기와 인터넷을 사용할 수 있게 되자 동시에 구글 퍼슨 파인더의 존재를 알고 활용하기 시작했다. 그러나 그전까지는 트위터가 거의 유일한 인터넷계 정보원으로, 지인의 안부 정보도 이것으로 얻었다고 한다.

하지만, 앞서 설명한 대로 트위터를 이용할 수 있었던 것도 휴대전화 기지국의 예비전원이 끊어지기 전인 3월 12일 오전까지의 이야기다. 그 후 거의 이틀 동안 전파도 전기도 전혀 없는 암흑 상태에 들어갔다.

유익했던 라디오 정보

──────── 인터넷은 연결되지 않았지만 방송을 통해 정보를 얻은 사람은 많았다. 지진 재해에서의 휴대전화 이용이라면 인터넷을 끄기 쉬운데 사실은 많은 사람이 원세그 방송의 은혜를 입었다.

또 하나 방송에서 잊지 말아야 할 것이 라디오의 존재다. 라디오는 배터리로 비교적 오랜 시간 청취할 수 있는 데다 다른 작업을 하면서 들을 수 있는 것도 큰 장점이었다.

지진 발생 후 곧바로 몇 곳의 임시재해 방송국이 만들어졌다. 이것은 방송법으로 '임시 또는 일시적인 목적을 위한 방송(임시목적 방송)'용으로 규정, 허가되는 방송국이다. 특히 '링고 라디오'라는 애칭으로 친숙한 야마모토초의 '야마모토 재해 에프엠'은 고립된 지역의 주민에게 생활정보와 안부 정보, 사람들의 불안을 완화시켜줄 수 있는 음악을 방송했다.

밖에서 피해현장을 지원하는 데
도움이 된 인터넷

─────── 피해가 적은 관동 이서 지역에서는 구글 서비스가 도움이 되었다는 이야기를 자주 듣는다. 기센누마 출신으로 현재는 치바현(千葉県)에 사는 엔지니어, 기쿠타 사토루도 그중 하나다. 기센누마에 친척들이 많이 사는 기쿠타는 지진·해일 후 그들과 전혀 연락이 되지 않았다. 그는 불안한 마음을 안고 형제들과 메일로 연락을 하며 소식·정보 서비스를 시험했다. 전화를 사용한 소식·정보 서비스도 개설되었는데 전화가 연결되지 않아 거의 도움이 되지 않았다고 한다.

그래서 기쿠타는 다른 도호쿠 출신 사람들처럼 트위터에 친척 이름을 적어 안부를 확인하려고 했다. 기쿠타가 퍼슨 파인더를 처음 알았을 때는 아직 등록정보가 4,600건 정도로 '과연 이런 것이 도움이 될까' 하고 반신반의했다. 그 후 새벽 3시경에는 시험 삼아 부모님의 이름만 등록해 보았다. 다음 날 아침, 그는 다시 퍼슨 파인더를 확인했는데 등록 건수가 2만 5천 명까지 늘어 있어서 깜짝 놀랐다. 이 페이지에 등록이 늘어나면 도움이 될지 모르겠다고 생각해 다시 40명 정도의 친척과 친구의 이름을 등록했다. 그러자 가장 피해가 큰 해안 지역에 살고 있는 사촌이 마침 이탈리아 출장 중이라 피해를 당하지 않았다는 것을 알게 되었다. 13일의 일이었다.

기쿠타는 이것을 계기로 친척과 고향 사람들에게 퍼슨 파인더의 이용을 이메일과 트위터로 권하기 시작했다. 지인을 한 사람 등록하자 그때마다 거래처와 친구, 먼 친척이 글을 올려 퍼슨 파인더에 대한 정보가 추가되었다.

피해현장에서도 시간이 지나면서 인프라가 복구되자 정보 툴이 본격적으로 사용되기 시작했다. 센다이 중심지에서는 지진 발생 이틀 만에 전기와 인터넷 환경이 복구된 곳도 있었다. 가쿠다시에서 센다이시 중심지 사무실로 돌아온 와타나베 가즈마도 14일(월)에는 컴퓨터와 인터넷을 이용할 수 있었다. 와타나베는 컴퓨터로 구글의 통행실적정보 맵을 참고하면서 해안지역 지원에 나서는 자원봉사 스태프에게 휴대전화로 경로 지시를 했다(이때는 전파 수신 지역이 넓어서인지 에이유 휴대전화가 가장 잘 연결되었다고 한다).

4월이 되자 도쿄의 카메라맨, 미쓰이 고이치도 스마트폰과 태플릿 PC, 컴퓨터로 통행실적정보 맵을 확인하면서 피해현장으로 들어갔다. 인터넷은 피해현장에서 세계로 정보를 발신하기 위한 매스미디어로써도 큰 역할을 했다. 3월 11일 동일본 대지진 발생 이후 도호쿠 지방의 피해가 큰 지역에만 매스미디어의 주목이 집중해서 마찬가지로 피해를 입었던 기타이바라키(北茨城)와 3월 12일 지진으로 역시 피해를 입은 나가노현 북부는 지원도 받지 못한 채 고립되었다. 그러나 이들 지역에 있는 사람들이 그 상황을 트위터로 발신하게 되면서 큰 주목을 받게 되었다. 마찬가지로 고립되었던 야마모토초도 링고 라디오가 서비스를 시작하자 사이마루 라디오[*9]라는 인터넷 라디오를 경유해 세계 어디서나 방송을 들을 수 있게 되었다. 이것으로 전국의 야마모토초 출신과 해외 자원봉사들이 현지 상황을 알게 되고 많은 지원이 이루어졌다.

또, 기존의 매스미디어와 인터넷의 연계에도 큰 가능성이 보였다. 텔레비전 방송국과 라디오 방송국에서는 제때 프로를 못 보거나 못 들어서 놓칠 수 있다는 약점을 보완하기 위해 방송 내용을 공식 트위터 어카운트로 발신했다. 또, 라디오후쿠시마 등 일부 방송국에서는 청취자로부터 메일로 정보를 받아 그 정보를 라디오에서 읽어주고 트위터에도 올렸다.

서비스를 어떻게 전달하느냐가 큰 도전 과제

──────── 피해현장 취재 중에 구글 서비스에 대해 말하자 '있다는 걸 알았다면 꼭 써보고 싶었다'는 사람이 많았다. 야마모토초의 링고 라디오에서는 지역 내의 안부 정보를 전달하기 위해 대표인 다카하시 아쓰시가 직접 대피소를 돌아다녔다. 대피소로 사용되었던 학교 체육관에는 인터넷 시설이 없어서 안부 정보를 알릴 방법이 없었다. 그러나 같은 무렵 퍼슨 파인더에는 인터넷 시설이 없는 대피소의 정보가 수일 만에 무려 14만 건이나 모아졌다.

이 소식을 듣고 다카하시는 무척 감동하여 알았으면 꼭 사용하고 싶었다고 했는데 안타깝게도 야마모토초에는 퍼슨 파인더에 대한 정보가 전해지지 않았다. 구글은 인터넷에 접속할 수 없는 사람을 위해 서비스 개요 전단지를 대피소에 배포했는데 모든 지역에 전달된 것은 아니었다. 다카하시에 의하면 전단지가 링고 라디오에 직접 전달되거나 근접 지역의 관공서에 전해졌다면 볼 기회가 있었을 거라고 한다.

이것은 병원도 마찬가지다. 건물 붕괴와 지진·해일로 중경상을 입거나 사망한 사람들의 대부분은 병원으로 옮겨진다. 그래서 큰 병원에는 연일 가족의 안부를 묻기 위해 찾아오는 사람들로 넘쳐났다. 특히 우리가 취재했던 이시마키 적십자병원에는 신원불명자를 수용하는 텐트도 마련되어 있어 모여드는 사람도 많았다. 그러나 여기에서도 퍼슨 파인더의 존재는 알려지지 않았다.

또, 디지털 디바이드(digital divide, 디지털 기기를 사용하는 사람과 사용하지 못하는 사람 사이에 정보 격차와 갈등이 발생하는 것. 정보 격차 – 옮긴이)도 큰 과제였다. 대피소에 따라서는 인터넷에 접속할 수 있는 컴퓨터가 배치된 곳도 있었는데 특히 고령자가 많은 지역에서는 활용되었다고 보기 어렵다.

정보에 대한 접근과
이용성의 격차를 극복하다

//

　전기와 통신 등의 인프라가 갖춰져도 IT 서비스가 제대로 활용되는 것은 아니다. 특히 컴퓨터 같은 전자기기의 조작이 서툰 고령자들은 인터넷에 접속하기가 쉽지 않다. 피해현장에서는 이런 디지털 디바이드를 막기 위한 자원봉사 활동도 이루어졌다.

재해 시 심각해질 수 있는 디지털 디바이드

　　　———— 동일본 대지진에서는 구글의 퍼슨 파인더 등 다양한 서비스가 조직과 개인에 의해 제공되었다. 이런 서비스를 활용하는 것으로 지인의 안부와 그 외의 유익한 정보를 얻을 수 있는 것은 확실하다.

　그러나 IT 서비스를 모두가 사용할 수 있는 것은 아니다. 전자기기를 쉽게 다루지 못해 거부감을 느끼는 고령자는 많고, 휴대전화에 익숙한 젊은 층도 컴퓨터 조작은 잘 모른다는 사람도 있다. 통신 인프라 강화와 사용하기 쉬운 서비스 개발은 물론 중요하지만 그것들을 보다 폭넓은 사람들이 사용할 수 있도록 하는 노력이 필요하다.

IT 기기에 대한 접근성의 차이가 정보 격차로 이어지는 것을 디지털 디바이드라고 한다. 앞으로 재해가 발생하면 IT가 더욱 활용될 것은 틀림없는데, 동시에 재해 발생 시의 디지털 디바이드는 더욱 심각해질 가능성이 있다.

동일본 대지진의 피해현장에서는 이런 문제에 맞서 활동한 자원봉사자들이 있는데, 이들의 사례는 미래의 재해 대응을 생각하는 데 큰 도움이 될 것이다.

퍼슨 파인더를 대리등록하는 자원봉사

─────── 현재 시바우라공업대학(芝浦工業大学) 준교수로 마이크로머신공학 연구를 하는 나가사와 스미토는 동일본 대지진 발생 때 센다이의 도호쿠대학에 근무했다. 아오바야마(青葉山, 아오바구〈青葉区〉에 있는 구릉으로, 주변 지역명이기도 하다 ─ 옮긴이)에 있는 캠퍼스에는 일부 건물과 실험장치 등이 파손되었지만 학생과 교직원은 무사했다. 하지만 대학 주위에도 전기와 가스가 끊겨 불안을 느끼는 사람이 많았다. 도호쿠대학은 구내식당과 회의실을 학생에게 개방해 머물 수 있게 했다.

지진 발생 후 나가사와는 학생들의 안부확인과 인수(引受) 작업으로 분주했는데 며칠 지나자 학내 상황도 안정되었다. 아오바야마 주변은 비교적 복구가 빨라서 지진 발생 후 3~4일이 지나자 전기가 복구되어 ADSL 등으로 인터넷에 접속할 수 있게 되었다. 학생은 자택과 아파트로 돌아가고 일주일이 지났을 무렵에는 해외에서 온 유학생도 본국으로 돌아갔다.

다소 시간적 여유가 생긴 나가사와는 뭔가 자원봉사 활동을 해보고 싶었지만 연구실을 오래 비워둘 수는 없었다. '가까운 지역에서 내가 할 수 있는 일이 없을까'라고 생각했을 때 마침 간토에 있는 그의 형이 퍼슨 파인더 자료입력 자원봉사를 한다는 것을 알았다. 이때 나가사와의 형은 그에게 현지에서 할 수 있는 일을 하라고 권했다.

당시 나가사와가 살고 있던 곳은 센다이 중심지에서 조금 떨어진 작은 동네로, 고령자가 많았다. 일부 집에서는 가스가 나오지 않아 어려움을 겪고 있었지만 전기와 수도는 바로 복구되었기 때문에 집에서 생활하는 데 큰 어려움이 없었다. 그러나 주민들이 지인과 연락이 되지 않아 불안해한다는 이야기가 들려왔다.

'안부확인 서비스의 존재를 알면 사용하고 싶은 사람이 많지 않을까?'라고 생각한 나가사와는 퍼슨 파인더라는 서비스가 있다는 사실에 대한 고지와 '안부를 알고 싶어 하는 사람이 있으면 대신 정보 등록과 검색을 해주겠다'는 내용을 함께 담은 안내문을 만들고 의뢰서 회수 상자를 자신의 집 앞에 놓아두었다.

"우리집 앞에 회수 상자를 놓아두면 신원이 드러나니까, 믿고 의뢰

해 주는 사람이 있지 않을까 생각한 거죠."(나가사와)

이 이야기를 우연히 들은 동네 대표가 회람판(지역 내에서의 연락사항 등을 적은 문서를 각 가정에 돌리는 고지판 — 옮긴이)으로 안내문을 돌려주었는데 의뢰하는 사람은 별로 없었다. 그렇다면 자신이 직접 나서자고 생각해 나가사와가 찾아간 곳이 대피소로 사용하는 초등학교였다. 지진 발생 후 일주일이 지난 터라 대피소 내에도 일종의 커뮤니티가 만들어져 외부인을 경계했다. 그럴 수밖에 없었던 것이 지진 후 피난자를 노린 사기 사건이 빈발했기 때문이다. 나가사와가 신원을 밝히자 정리 역할을 맡은 교직원이 이야기를 들어주었다. 안부를 알고 싶은 사람의 이름을 의뢰서에 적어주면 검색과 등록을 대신해 준다는 것을 교직원에게 설명했는데 그는 외부인에게 개인정보를 전달할 수는 없다고 했다.

그래서 나가사와가 직접 그 자리에서 퍼슨 파인더에 등록과 검색을 하게 되었다. 놀랍게도 체육관에서는 NTT가 인터넷에 접속할 수 있도록 인터넷 회선을 준비해 주었고 컴퓨터도 2대나 있었다. 그러나 피난자가 30~40명이나 되는데도 웹 브라우저에는 NTT 재해 전언판 페이지가 표시된 채 아무도 이용하지 않는 것 같았다. 인터넷을 사용하면 안부 정보 등을 확인할 수 있다고 설명해도 모두 뭔가 말하고 싶어 하는 표정으로 멀찍이 떨어져서 지켜볼 뿐이었다.

그런데 나가사와가 실제로 컴퓨터를 조작하기 시작하자 갑자기 사람들이 모여들면서 "아니, 저 컴퓨터로는 인터넷이 되잖아" 하고 중얼거리는 사람도 있었다. 집에 컴퓨터가 있는 사람도 있긴 하지만 컴퓨터를 잘 다루지 못하는 사람들에게 인터넷이란 곧 야후 재팬이나 구글을 의미한다. 체육관에는 젊은 사람도 몇 명 있었는데 이들에게 휴대전화는 익숙해도 컴퓨터 조작은 서툰 것 같았다. 나가사와가 퍼슨 파인더 창을 열어 검색해 보이자 체육관에 있던 사람들이 하나둘씩 안부가 궁금한 사람의 이름을 말하기 시작했다. 지진이 발생하고 일주일이 경과한 상태라 가족의 안부는 이미 알고 있는 사람이 대부분이었고 이제는 친구나 친척의 정보를 알고 싶어 했다.

나가사와는 NTT 단말기를 계속 사용할 수 없어서 지인이 버릴 예정이었던 구식 노트북을 얻어 와 대피소에 설치했다. 대피소에서의 경험을 퍼슨 파인터의 인터넷 게시판에 보고하자 '조작 순서 설명서를 만들면 어떨까' 하고 제안한 사람이 있었다. 설명서라고 해도 두꺼우면 읽지 않을 테니까 'A4 용지' 한 장으로 간단하게 정리하도록 했다. 특히 문장으로 장황하게 설명하지 않도록 주의했다. 그리고 구체적인 예를 들어 알기 쉽게 했다.

사람을 찾는다면, 먼저 '히라가나'로 성이나 이름 중 '특징이 있는 쪽'을 입력해서 찾는다. 찾으면 이번에는 '히라가나'로 성과 이름 전체를 입력해서 대상을 좁힌다. 찾을 수 없을 때는 휴대전화 번호, (한자의) 다른 읽는 방법(같은 한자라도 읽는 방법이 다른 경우가 있다 - 옮긴이), 틀리기 쉬운 한자, 안부를 알 것 같은 사람을 입력해 본다. '中田'의 읽기는 '나카타', '나카다'가 있고 '白井', '臼井'은 한자가 비슷해서 잘못 등록되는 경우도 있다. 이런 때를 대비해서 구체적인 힌트도 포함시켰다.

'5,000명의 자원봉사자가 퍼슨 파인더를 지원했다'는 부분에서도 언급했듯이 대피소의 명단에 찍힌 인명을 퍼슨 파인더에 입력하는 자원봉사 그룹이 인터넷상에 만들어져 있었다. 나가사와는 자신이 만든 순서 설명서를 게시판에 공개해 참가자의 의견을 들으면서 보다 알기 쉽게 완성했다. 그러고 나서 작성한 순서 설명서를 안면이 있는 한 가게에 놓아두었더니 눈 깜짝할 사이에 바닥이 났다고 한다.

"내가 만든 것이 간단하다고는 해도 어느 정도 컴퓨터나 휴대전화를 쓸 줄 아는 사람을 위한 설명서였는데 가게 주인이 '모두가 가지고 가서 사용하는 것 같다'고 말했어요. 이런 종이 매체는 컴퓨터를 좀 다룰 줄 아는 사람에게도 효과가 있구나 하고 실감했죠."(나가사와)

또, 자원봉사자 게시판에 공개된 순서 설명서를 들고 해안지역의 대피소를 돌며 나가사와와 똑같은 활동을 하는 사람도 나타났다. 나가사와를 포함한 이런 자원봉사자의 활동은 개인 차원에서 이루어졌기 때문에 대피소에 있는 사람들에게 퍼슨 파인더란 무엇인가, 어떤 활동을 하는가를 정중히 설명할 필요가 있었다. 그래서 게시판에서 논의를 거쳐 안부 정보 검색을 도와준다는 것과 은행계좌 등 불필요한 정보는 묻지 않는다는 설명을 한 장의 종이에 정리해서 봉사 작업이 원활히 이루어지도록 했다.

구글 퍼슨 파인더로 사람을 찾는 순서 설명서(간이판)

구글 퍼슨 파인더란?

대피소 명단, NHK 안부 정보, 휴대전화 회사의 재해전언판, 각 매스컴(신문, TV), 피해현장 지역 현경(県警) 등의 모든 정보를 통해 인터넷으로 안부확인을 할 수 있습니다.

English | 한국어 | 中文 (简体) | 中文 (繁體) | Português (Brasil) | español | Tiếng Việt

---

컴퓨터로 찾기

① 퍼슨 파인더에 접속

http://goo.gl/sagas를 주소창에 입력합니다.

② '사람 찾기'를 선택

한 가지를 선택하세요.

| 사람 찾기 | 소식·정보제공하기 |

현재 약 398,400건의 기록이 등록되어 있습니다.

③ 성이나 이름 중 특징적인 쪽을 히라가나로 입력하세요.

사람을 찾는다
그 사람의 이름, 이름의 일부, 또는 휴대전화 번호(반각숫자)를 입력하세요. (휴대전화 번호를 입력하면 각 휴대전화 회사의 재해전언판으로 이동합니다)

겐키

| 이 사람을 찾기 | **예) 사토 겐키**

휴대전화로 찾기

① 퍼슨 파인더에 접속

http://goo.gl/sagas를 주소창에 입력하거나 또는 카메라 기능의 바코드 읽기 기능으로 접속할 수 있습니다.

② '사람 찾기'를 선택

구글 퍼슨 파인더

| 사람 찾기 | 동일본 대지진(도호쿠지방 태평양해역 지진)

생존자 등록하기

③ 성이나 이름 가운데 특징적인 쪽을 히라가나로 입력합니다.

구글 퍼슨 파인더 사람찾기 이름(일부도 가능) 또는 전화번호

겐키

전화번호에 의한 검색인 경우에는 휴대전화 사업자의 재해용 전언판을 이용합니다.

| 검색 | **예) 사토 겐키**

↓ 검색 결과가 확인된 경우

100건 이상 확인된 경우는 히라가나로 성과 이름 전체를 입력합니다.

| 사토 겐키 |

그래도 여러 명이 확인된 경우는 검색결과의 한자와 주소 등으로 대상을 좁힙니다.

정보와 검색 시스템은 지금도 갱신되고 있습니다. 시간을 두고 재확인하세요.

↓ 일치하는 결과가 확인되지 않은 경우

휴대전화 번호(반각숫자)를 입력합니다.

| 090-2020-1949 |

붙임표는 생략합니다.

다르게 읽는 방법을 생각합니다.
  예) 中田 (나카타, 나카다)
     東 (아즈마, 히가시) 등

틀리기 쉬운 한자를 생각합니다.
  예) 白井, 臼井 (末松, 末松) 등

이웃이나 직장 동료 가운데 안부를 알고 있을 만한 사람을 찾습니다.

나가사와 교수가 작성한 퍼슨 파인더 검색 순서 설명서

대피소에서 필요한 것은 IT 기술만이 아니다

———— 나가사와가 퍼슨 파인더를 사용해 지인의 안부를 확인하면 그때마다 대피소 사람들은 안도하는 분위기였다. 이때, 대피소에 있던 학생 한 명이 작업을 도와주게 되었다. 이런 활동에서는 컴퓨터 조작 자체뿐 아니라 피난 중인 주민과의 소통이 필요하다.

부탁을 받고 안부 정보를 검색하는 경우에도 정보를 단순히 입력하는 것이 아니라 "동료 이름, 아세요?", "이웃의 이름은요?" 하고 의뢰자의 기억을 자연스럽게 자극해 본다. 나가사와에 의하면 그렇게 함으로써 지금까지 잊고 있었던 사람들을 연달아 떠올린다고 한다. 또, 퍼슨 파인더의 정보는 매일 갱신되므로 한 번 검색해서 확인이 되지 않았다고 해도 다음 날에는 새로운 정보를 확인할 수 있다. 이때는 의뢰자가 상심하지 않도록 조언하는 것도 중요하다. 다행히 작업을 도와주었던 학생은 이런 배려를 할 줄 아는 사람이었다.

또 안부 정보로 안 좋은 결과를 확인하게 되는 사람도 있다는 것을 이해해야 한다.

"무사하다는 소식을 확인하고 환하게 웃는 모습을 보면 정말 기분 좋았어요. 하지만 안타까운 결과나 정보를 찾을 수 없는 경우도 있었죠. 대피소에는 '제한된 정보라서 안부를 확인할 수 없을 거야'라고 생각하며 간신히 버티는 사람도 있었어요. 한 할머니는 주위 사람이 권해도 고개를 가로저을 뿐 퍼슨 파인더를 사용하려 하지 않았죠. 해안지역에는 친구가 많이 살았는데 그 사람들이 무사히 피신했을 거라고는 생각할 수 없거든요. 그런 사람들을 어떻게 대해야 할지…. 그런 부분에서 내 커뮤니케이션 능력은 아직 부족하다고 생각했습니다." (나가사와)

IT에 익숙한 사람에게 인터넷상의 편리한 서비스를 사용하는 것은 지극히 당연한 일이라서 여기에 의문을 갖지 않는다. 편리한 서비스가 있다는 것을 알면 활용할 것이다.

그러나 동일본 대지진은 세대와 지역에 따른 디지털 디바이드가 상상 이상으로 심각했다는 것을 가르쳐주었다. 평소에 지역주민과의 신뢰관계를 어떻게 쌓을까, 몸과 마음의 건강을 어떻게 유지할까, IT 서비스와 피해자를 연결해 줄 인재를 어떻게 육성해야 할까. 정보기술만으로는 해결할 수 없는 복잡한 과제를 안게 되었다.

기계 가독성의 중요성

///

동일본 대지진에서는 정보 서비스가 크게 활용되었는데 그런 한편으로 여러 가지 과제도 부상했다. 그중 하나가 '기계 가독성(機械可讀性, machine readability)'이다. 정보는 컴퓨터로 처리하기 쉬운 형식으로 제공됨으로써 보다 효율적이고 보다 넓게 활용된다.

일본의 정보화는 얼마나 발전했을까

———— "일본에서 정보 서비스는 활용되고 있을까?"라고 물으면 조금 어이없는 질문이라고 생각하는 사람도 많을 것이다. 일본에서는 누구나 휴대전화로 소통하고, 회사에서는 컴퓨터로 문서를 작성하며 표계산 소프트웨어에 자료를 입력하는 것을 당연하게 여긴다.

그런데 다른 관점에서 보면 사정은 달라진다. 일본생산성본부가 발표한 〈노동생산성 국제비교 2011년판〉에 의하면 일본의 노동생산성은 OECD 회원국 34개국 가운데 20위였다. 경제산업성은 2010년에 발표한 '정보경제혁신전략'[*10]에서 "일본의 노동생산성은 90년대 이후 정체 상태로 선진국 중 최저 수준이다. IT를 적극 활용하는 다른 나라와 비교해 일본의 IT 투자는 질도 양도 부족한 것이 한 요인"이라고 지적한다.

이 연재에서 소개했듯이 동일본 대지진에서는 구글과 트위터를 비롯한 정보 서비스가 크게 활용되었다. 그러나 당시 상황을 좀 더 자세히 살펴 보면 조직 간의 정보 교환에 문제가 있다는 것을 알 수 있다.

그 문제가 단적으로 드러난 것이 도쿄전력의 '계획정전'을 둘러싼 혼란이 아닐까. 여기서 드러난 것은 '기계 가독성'을 의식한 정보제공의 중요성이다.

정보가 뒤얽힌 도쿄전력의 계획정전

───── 2011년 3월 11일(금)에 발생한 동일본 대지진으로 도쿄전력, 도호쿠전력 관내에서는 후쿠시마 제1·2원자력발전소를 비롯한 여러 곳의 발전소가 운전을 정지했다. 새 주가 시작되는 월요일에는 관내에서 전력부족이 예상되었기 때문에 도쿄전력은 계획정전을 실시하기로 결정해서 13일(일) 심야에 기자회견을 했다. 회견에서는 24일(월) 아침부터 그룹으로 나눠 지역별 계획정전을 실시한다고 발표했는데, 회견 후 질의응답에서 정보가 정정되는 등 혼란이 계속

되었다.

정전 실시 지역 등의 정확한 정보를 원하는 사람들은 도쿄전력 공식사이트에 접속했다. 그러나 접속 폭주를 상상하지 못했던 도쿄전력 사이트는 바로 다운되었다. 경제산업성 정보경제과의 요시카와 노리아키는 구글과 야후 재팬, 마이크로소프트, NTT레조넌트(NTT Resonant. NTT 자회사로, 포털사이트 'goo'를 운영 — 옮긴이) 등의 서비스 사업자에게 연락을 취해 계획정전 정보 미러링(재배포)을 의뢰했다.

골치 아팠던 것은 도쿄전력의 파일 제공방법이었다. 실시지역과 정전 그룹 번호가 표 형식으로 나열된 PDF 파일이 현(縣) 별로 준비되어 있었고 도쿄전력이 최초에 공개한 주소는 'http://www.tepco.co.jp/images/都道府県名.pdf'였다. 새로운 데이터는 덮어쓰기(overwrite)하는 방식으로 추가되었기 때문에 그것이 최선 정보인지 지난 정보인지를 알기 위해서는 각 파일의 갱신 날짜를 확인할 필요가 있었다. 같은 '/images'라는 장소에 그 후 'month_schedule.pdf', 'week_schedule.pdf'라는 파일이 추가되었다.

도도부현의 이름은 로마자로 표기했는데 일본어 명을 로마자로 바꾸면, 가령 군마현(郡馬県)은 'gumma'로 표시하는 사람과 'gunma'로 표시하는 사람 등 표기가 일정하지 않아서 도쿄전력에 문의하거나 양쪽 모두로 확인하지 않으면 정보를 찾을 수 없었다(그러나 이 시기에는 접속이 몰려 쉽게 연결되지 않았기 때문에 시험해 봤을 때 표시되지 않는 것이 접속 폭주 때문인지, 철자 때문인지 알 수 없었다). 또 'month_schedule.pdf', 'week_schedule.pdf'처럼 정보가 다른 시기에 갱신되기 때문에 결국 어떤 파일을 참고해야 최신 정보를 얻을 수 있는지 알기 어려웠다.

당초 구글은 재해 대응 페이지에 이들 PDF를 그대로 게재했다. 링크를 클릭하면 파일이 다운로드되는 가장 단순한 방식이었다. 일주일 후, 파일 장소는 전용 'teidenjapan.appspot.com'으로 변경되었다('teiden'은 일본어 '정전'을 로마자로 표기한 것 ─ 옮긴이).

인간을 대상으로 만들어진 데이터는 기계로 자동처리하기 어렵다

─────── 계획정전 정보제공에서 또 하나의 문제점은 파일이 PDF 형식이라는 것이다. PDF(Portable Document Format, 이동가능 문서형식)는 작성한 문서를 다른 환경(OS나 단말)에서도 원래 레이아웃대로 표시, 인쇄하는 것을 목적으로 어도비 시스템즈(Adobe Systems)사가 개발한 데이터 포맷이다(2008년에는 ISO국제표준화기구에서 국제 표준으로 인정되었다). PDF에서는 폰트를 문서에 붙일 수 있어서 원 문서의 재현성은 매우 높다. 또, 원 문서를 고치기 어렵다는 특징도 있기 때문에 출판·인쇄 분야에서의 교정이나 데이터 입고(인쇄하기 위해 원고를 인쇄소에 넘김), 기업과 관공서에서의 문서 배포 등에 널리 사용되게 되었다.

PDF는 많은 장점을 갖고 있는 반면에 단점도 있다. 먼저 PDF에서는 문서로서의 외관을 우선하여 컴퓨터에서의 자동처리에 대해서는 그다지 고려되지 않았다. 예를 들어, 겉으로 봤을 때는 똑같은 여러 개의 표가 PDF로 제공되었다고 하자. 보기에는 똑같으니까 인간이 읽기에는 전혀 지장이 없다. 그러나 하나의 표는 워드프로세서의 선 문자(ㅜ, ㅗ, ㄱ 등의 문자 – 옮긴이)를 사용해 그렸을 수도 있고, 공백 문자를 넣어 여백을 조정했을지도 모른다. 여러 줄에 걸쳐 있는 항목은 행(줄)을 바꾼 건지, 바꾸지 않은 건지도 알 수 없다. PDF에서는 봤을 때는 똑같아도 담겨 있는 데이터는 전혀 다른 구성이 되어 있는 경우도 있다. 또, PDF의 사양이 복잡해서 열람·편집을 하기 위한 소프트웨어에 따라서도 실행이 바뀐다. 또 이어져 있는 단락을 전부 복사, 붙이기를 하려 해도 꼭 의도대로 문자를 선택할 수 있는 것은 아니다.

아베 히데히코를 비롯한 구글의 지도 관련 엔지니어들은 지하철 운행정보 등 여러 재해 관련 정보를 지도상에 표시해 사용자에게 제공했다. 계획정전에 대해서도 도쿄전력이 제공한 PDF에서 주소와 그룹 번호를 추출해 지도상에 표시하려고 했는데 이 작업에 상당히 애를 먹었다고 한다. 표가 여러 페이지로 나뉘어 있는 경우나 항목이 행(줄)을 바꿔 표시되어 있는 경우 등에는 복잡한 조건을 해석하는 스크립트(프로그램)를 짜서 작업을 진행했다. 고생 끝에 16일(수)에는 구글 맵에 계획정전 지역을 지도상에서 확인할 수 있는 '정전 맵'이 공개되었다.

계획정전이 시작되고 수일 후에는 도쿄전력에서 PDF와 함께 원데이터의 엑셀(Excel) 파일도 제공되었는데, 이 처리도 쉽지 않았다. 언뜻 보아서는 데이터가 가지런히 나열된 것 같아도 표시되지 않은 줄이 있거나 파일에 따라 항목 명이 갑자기 늘어난 것도 있었다. 표 형식도 통일되지 않아서 지역에 따라 전용 스크립트를 짤 필요가 있었다고 한다.

그래프 데이터도 공개하는 것으로 활용 폭을 넓히다

──────── 계획정전이 이어지는 가운데 3월 22일(화), 도쿄전력은 전력사용 상황 그래프를 공식 사이트에 공개했다. 이것은 도쿄전력 관내에서의 시간별 전력 사용 실적을 막대그래프로 게재한 것이다. 전날 실적, 그리고 전년도 같은 날의 실적도 꺾은선그래프로 표시되어 있는, 지금까지 없던 시도였다.

이 그래프는 화상 데이터로 게재되었고, 원 수치 데이터는 공개되지 않았다. 수치 데이터로 준비되었으면 집계해서 특정기간의 사용상황을 분석하는 등 활용 폭이 넓었을 것이다. 데이터 활용을 희망하는 기업에서도 같은 논의가 이루어졌던 터라 경제산업성 정보경제과 요시카와 노리아키와 정보 프로젝트실의 모리야 마나부는 도쿄전력에 요청해 24일(목)부터 수치 데이터도 CSV 형식(쉼표를 기준으로 항목을 구분하여 저장한 데이터 − 옮긴이)으로 제공받게 되었다. CVS라면 컴퓨터로 읽어서 손쉽게 처리·가공할 수 있다.

CSV 형식으로 데이터가 제공되기 이전에 그래프 화상 데이터를 컴퓨터로 처리하고 거기서 원래의 수치 데이터를 추측하는 프로그램을 만든 실력자도 있었다. 그러나 당연히 원래 정보가 가장 정확하고 처리하기도 쉽다.

CSV 형식으로 데이터가 공개된 후 2일쯤 지나서 인터넷상에는 전력상황 데이터를 이용한 서비스가 50가지나 만들어졌다. 이것은 범용적인 데이터로 하여 활용범위가 크게 넓어진 좋은 예이다.

경제산업성 상무정보정책국은 이러한 시도를 보다 많은 기업의 협력을 얻어 가속하기 위해 3월 30일(수), 사단법인 일본경제단체연합회에 '도호쿠 지방 태평양해역 지진에 관계하는 정보제공의 데이터 형식에 대하여(주지사항 의뢰)'라는 제목으로 사무 연락을 했다.

이 문서의 일부를 인용하자.

"데이터가 직접 html로 기술되어 있거나 CSV 등 비교적 자동처리가 용이한 형식으로 데이터가 공급되면, 인터넷상의 여러 콘텐츠와 애플리케이션 제작자들이 휴대전화로도 열람할 수 있는 애플리케이션 개발과 보다 사용하기 쉬운 웹페이지를 만들 수 있습니다. 또, 이것으로 피해현장은 물론 직접 피해를 입지 않은 지역에서도 제공한 정보의 이용을 촉진할 수 있을 것으로 기대됩니다. 그러므로 원활한 정보제공을 꾀하는 관점에서 홈페이지에서 정보제공을 할 경우에는 최대한 PDF 등 자동처리가 어려운 데이터 형식만 사용할 것이 아니라, html이나 CSV 같은 자동처리에 적합한 데이터 형식을 병용하거나 별도 오픈된 정보제공 API를 정비하는 등 데이터를 제공하는 방법에 대해 무리가 없는 범위에서 특별한 배려를 해주시기를 모임의 회원사에 알려주시기 바랍니다."

이렇듯 행정기관이 민간 기업에 데이터 교환 방침에 대해 의뢰한 것은 매우 이례적인 일이다.

활용하기 쉬운 데이터를 공개하기 위해

──────── 데이터를 공개할 때의 포인트에 대해 정리하자. 먼저, 정보화란 종이로 했던 작업을 단순히 컴퓨터로 대체하는 것만으로는 불충분하다. 작성한 데이터를 인간이 읽기 쉽게 하는 것과는 별도로 컴퓨터로 처리하기 쉽게 하면 활용 폭이 몇 배로 넓어진다.

특히 통계적인 데이터를 공개할 경우 구조화하는 것이 바람직하다. 구조화라고 해서 복잡한 작업이 필요한 것은 아니다. 예를 들어, 표계산 소프트웨어를 사용해 데이터를 작성하면 행과 열을 의식해 어느 데이터가 어느 항목을 나타내는 것인지 애매하지 않게 된다. 공백 문자나 빈 줄 등을 사용해 깔끔하게 정리하려는 시도는 지양한다. 파일 명과 폴더 명도 자동처리하기 쉽도록 어떤 규칙성을 갖게 한다. 그리고 앞서 언급했듯이 통계 데이터 제공이 목적이라면 CSV 등의 단순한 포맷도 동시에 제공해야 한다.

IT 활용이라고 하면 대규모 시스템이 화제에 오르는 경우가 많은데, 이런 작은 점에만 주의해도 조직 내, 혹은 조직 간의 데이터 재이용은 쉬워진다. 이것은 재해 같은 비상시에만 한정된 것이 아니다. 하지만 이런 시도는 개개인이 하는 것으로는 불충분하다. 무엇보다 기업과 지자체가 데이터 재이용과 자동처리의 의의를 인식하는 것이 매우 중요하다.

인터넷으로 가능해진 원격 자원봉사

//

　이번 재해에서는 자원봉사 활동에서도 인터넷과 휴대전화 같은 IT 도구가 활용된 점에 주목해야 한다. 그들은 서로 이름도 모르는 사람끼리 인터넷으로 소통해 피해현장 지원에 나섰다.

호주에서 동일본 대지진 소식을 알다

　——— 동일본 대지진으로 막대한 피해가 발생한 지역 중 한 곳이 미야기현 기센누마시다. 이곳은 지진·해일로 기센누마 전체의 5.6%, 도시계획구획으로 20.5%가 침수했다. 특히 주택과 상점, 공장이 집중한 중심지역의 피해가 커서 전체 인구 약 7만 4,000명의 1.1%에 해당하는 8,000명 이상이 사망했다.

　2012년 2월 초, 복구가 진행 중인 기센누마의 상점가에서 나는 한

여성의 이야기를 들을 수 있었다. 그녀는 2011년 3월부터 9개월 동안 기센누마를 비롯한 피해현장을 위한 자원봉사 활동을 하고 있었다. 그러나 그녀가 기센누마를 찾은 것은 이때가 처음이었다. 그녀가 활동한 것은 모두 일본에서 멀리 떨어진 호주에서 이루어졌다.

시즈오카현(静岡県) 출신인 윌슨 나오미는 가나가와(神奈川)에서 간호사로 일할 때 호주인 남편을 만나 결혼하여 2009년부터 호주 서해안의 퍼스(Perth)에 살고 있다. '세계에서 가장 아름다운 도시'라는 퍼스는 고령자도 많이 살고 복지사업이 충실한 도시로도 알려져 있다. 전직 간호사인 나오미도 방문요양 일을 하고 있다.

2011년 3월 11일 동일본 대지진이 발생했을 때도 나오미는 평소와 다름없이 퍼스에서 일하고 있었다. 갑자기 전해진 지진 소식에 충격을 받은 그녀는 즉시 전화와 메일로 일본에 있는 친구들의 안부를 확인하려고 했다. 지진 당일에는 전화가 연결되지 않았지만 일본에서 메일을 확인한 한 친구가 답을 보내왔다. 참고로, 일본 국내에서는 휴대전화를 사용한 메일이 불통이었지만 호주의 나오미와는 메일을 주고받을 수 있었다고 한다. 그다음 날부터는 호주에서 일본으로 전화도 연결되어 친구들의 안부를 확인할 수 있었다.

친구들이 무사하다는 것을 확인하고 나오미가 걱정한 것은 병원과 대피소의 상황이었다. 그녀는 간호사인 만큼 재해 시 큰 병원은 비교적 원조를 받기 쉽지만 소규모의 병원과 집에 환자가 있는 가정은 원조를 받기 힘들다는 것을 잘 알기 때문이다. 1995년 1월에 발생한 한신 아와지 대지진 때 오사카적십자간호전문학교 학생이었던 나오미는 충분한 지원활동을 하지 못했다는 아쉬움이 있었다. 다음에 재해가 일어나면 꼭 돕고 싶은 마음이었지만 막상 대지진이 발생했을 때 자신은 일본에서 멀리 떨어진 호주에 있었다.

그녀는 과연 무엇을 할 수 있었을까?

일본 국내 스태프와 협력하여
의료비품을 피해현장에 보내다

——— 3월 내내 나오미는 블로그로 일본 국내의 정보를 수집하고 모금 활동을 했다. 간호사로 현지에서 도움을 주고 싶은 생각은 강했지만 그녀의 활동은 어쩔 수 없이 단시간의 지원활동에 그칠 것이었다. 그래서 그녀는 그보다 일본으로 가는 비행기 티켓 비용을 기부하는 편이 좋겠다고 생각했다.

4월 초, 나오미는 우연히 찾은 일본 유니버설 디자인 연구기구(피해현장에 물자를 지원하고 있었다)의 페이스북에서 한 영양제가 부족하다는 사실을 알게 됐다. 그것은 미국 애보트(Abbott)사의 '엔슈어'라고 하는 영양제로, 직접 먹거나 관을 통해 투여할 수 있었다. 수술 직후나 누워 있는 상태의 환자에게 튜브로 위에 직접 영양제를 투여해야 할 경우, 엔슈어가 부족하면 생명이 위험할 수 있다. 지진으로 일본 국내의 제조공장이 피해를 입었기 때문에 피해현장에서는 공급부족 상태에 빠져 있었던 것이다.

나오미가 방문 간호를 했던 한 뇌성마비 호주인도 엔슈어를 이용하고 있었다. 그가 먼저 "내게 있는 엔슈어를 일본 피해현장에 보내달라"고 말한 것이 나오미가 행동하게 된 계기가 되었다. 나오미도 그전까지 일상적으로 IT 도구를 활용했던 것은 아니다. 그녀에게는 개인 블로그도 없었고 트위터도 페이스북 활동도 전혀 하지 않았다.

나오미는 "호주에 와서 3년 동안 주고받은 메일이 전부 200통 정도였어요"라며 웃었다. 그녀는 먼저 십여 명의 일본인 지인에게 엔슈어 구입을 도와달라는 메일을 보냈다. 그 메일은 이곳저곳으로 전송되어 2주 동안 100명이 넘는 사람들로부터 1천만 원이 모였다. 일본에서는 의사 처방전이 없으면 엔슈어를 구입할 수 없지만 호주에서는 영양식품으로 취급해 일반인에게도 판매되고 있었다. 나오미는 기부금으로 엔슈어를 구입해서 무사히 피해현장에 보낼 수 있었다.

5월 중순이 되자 LOTS라는 단체가 엔슈어를 찾는다는 소식이 들려왔다. LOTS는 일본연예기업사 요시모토흥업(吉本興業)의 개그맨인 도미야마 요시노부가 이끄는 재해지원 프로젝트다. 나오미와 LOTS는 협력해서 리쿠젠타카타시(陸前高田市) 등의 병원에 엔슈어를 보냈다.

나오미는 의료 종사자를 대상으로 매칭 사이트를 개설한 '학회연구회jp'의 담당자와 알게 되어 피해현장 병원에 대한 지원을 의뢰받았다. 이들 병원에서는 의료기구와 의약품부터 책상과 의자, 침대 같은 집기까지 다양한 물자가 부족했다. 예를 들어, 피해현장 병원의 하나인 기센누마의 이나와시로(猪苗代) 병원은 병상 수 60개 규모의 병원으로 기센누마 중심지에 있다. 1층이 지진·해일로 엉망이 되어 50명 정도 있던 환자 중 절반은 대피소로 옮길 수밖에 없었다. 병원 직원들이 필사적으로 1층을 정리해 진료 등의 업무를 계속할 수 있었는데 간호부장인 하타케야마 쇼코 등은 의약품을 입수하기 위해 멀리 떨어진 약국까지 가야 할 때가 많았다.

지원물자는 단순히 종류와 양만 많으면 되는 것이 아니다. 필요로 하는 사람에게 필요한 물자를 전달해야 한다. 어떤 때는 재떨이 한 개를 기부하고 싶다는 사람도 있어서, 이것을 피해현장 쪽에서 전부 처리하려고 하면 필요한 곳에 필요한 물건이 전해지지 못할 것이 뻔했다. 특히 의료비품 배분에는 전문지식이 필요하다. 전직 간호사인 나오미는 의료비품 지식이 있어 무엇을 전달해야 좋을지 판단할 수 있었기 때문에 자연스럽게 의료관련 시설 등에 대한 지원에서 사령탑 역할을 하게 되었다.

1만 통의 메일이 사람의 선의를 잇다

───── 그럼 어떻게 해서 필요한 곳에 필요한 물자를 전달할 수 있었을까? 특별한 IT 도구를 사용한 것은 아니다. 그녀가 사용한 것은 지메일과 전화, 트위터였다. 그녀는 이나와시로 병원의 하타케야마 씨 등 병원 측 창구가 되는 사람에게 필요한 물자를 묻고 그 정보를 LOTS의 메일링 리스트와 블로그로 고지하거나 트위터로 알게 된 지원자들에게 알렸다. 너무 많은 물자가 모여 피해현장에 혼란을 주면 안 되니까 불특정다수에게 정보를 알리지 않도록 주의했다. 또, 물자를 제공하겠다는 제의가 있으면 구글 맵을 사용해 제공자의 위

치를 확인했다. 현지에 있는 멤버들의 대략적인 장소를 트위터로 파악해서 형편이 될 만한 멤버에게는 연락을 취해 인수를 의뢰했다. 현지에 있는 멤버나 자원봉사자들이 보내는 정보도 매우 중요했다.

"스태프들은 '나오미 씨가 어떻게 우리 위치를 알지? 혹시 감시 카메라라도 달았나?' 하고 놀라곤 했어요 (웃음)."

한 가지 안건에 대해 대략 10~20통의 메일을 주고받았다고 한다. 그리고 기센누마 이외의 지역도 담당했기 때문에 많을 때는 하루에 100통이 넘는 메일을 주고받은 적도 있었다. 이때 활용한 것이 지메일이다. 전문 검색과 메시지에 표시를 할 수 있는 별 태그, 메시지가 안건 별로 자동적으로 정리되는 스레드(thread), 메시지를 분류하기 위한 라벨 등의 기능은 방대한 양의 정보를 정리할 때 큰 도움이 되었다고 한다. 그러나 표 계산과 데이터베이스 등의 도구는 거의 사용하지 않았다.

"실시간으로 상황이 바뀌어 제공자에게 답장을 하는 데 이틀이나 걸리면 다른 곳으로 보내버리거든요. 그래서 꼭 하루 안에 내가 판단해 메일로 연락하도록 했어요."(나오미)

나오미는 3살 된 아이를 돌보면서 방문 요양일도 하고 집안일도 해야 했다. 그리고 취침 전이나 일의 자투리 시간을 활용해 스마트폰이나 컴퓨터로 메일을 보냈다. 물자를 지원받은 사람이 감사의 글을 보내면 그것 역시 제공자에게 전해주었다.

"자신이 보낸 물건이 어떤 식으로 쓰였는지 제공자에게 알리면 많이 기뻐했어요. 인생 경험을 말해 주시는 분도 있고 다른 지원 안건에

서도 도와주는 분도 계셨어요." (나오미)

2011년 3월부터 12월까지 나오미가 주고받은 메일은 총 1만 통이 넘는다. 그동안 그녀는 앉아서 식사할 시간도 없었다고 한다.

2011년 12월이 되자 이니와시로 병원의 복구공사가 완료되어 병원 업무도 평상시처럼 볼 수 있게 되었다. 2012년 2월, 하타케야마는 기센누마를 찾아온 나오미를 포옹하며 환영했다.

새로운 형태의 자원봉사가 생겨나다

———— 동일본 대지진 기간에는 인터넷, 휴대전화 같은 IT가 본격적으로 활용되었는데 정보지원이라는 새로운 형태의 자원봉사 활동이 널리 이루어진 점에도 주목해야 한다. 그러나 IT 도구가 있는 것만으로는 불충분했다. 정보의 교통정리를 할 수 있는 인재를 할당할 수 있는 인적 네트워크가 필요했다. 이번 경우는 의료비품에 대한 전문지식을 갖춘 나오미가 전체 움직임을 종합적으로 파악해 멤버에게 작업을 할당함으로써 활동이 원활하게 이루어졌다. 그래도 상당한 작업 부담이 그녀를 비롯한 특정 멤버에게 집중된 면은 있다. 앞으로 구글 플러스(Google+, 구글이 운영하는 소셜 네트워크 서비스 ― 옮긴이)와 페이스북 같은 소셜 네트워크 서비스가 자원봉사 활동을 지원하는 플랫폼이 되어주면 작업 분담도 보다 원활하게 할 수 있을지 모른다.

도구만 있으면 사람의 선의는 시간적, 지리적 제약을 초월해 이어질 수 있다. 멀리 떨어진 호주에서도 자투리 시간을 이용해 자원봉사 활동이 가능해진다. 나오미는 이번 재해에서 인터넷으로 많은 인연이 생겨났다고 말했다.

"큰 위기를 경험한 이 시기에, 인터넷을 통해 신원도 확실하지 않은 한 개인의 정보에 많은 사람이 진지하게 귀를 기울여준 것이 정말 인상적이었습니다. 지원한 곳뿐만 아니라 나에게까지 격려의 편지를 보내준 분, 총액이 족히 수억 원은 되는 의료비품을 양도해 준 병원과 기업, 돌아가신 가족의 귀한 유품을 기증한 분, 트위터에 올린 글 하나에 응답해서 오사카부터 오후나토(大船渡)까지 '하는 김에'라며 소파베드 50개를 3번이나 왕복해서 가져다 주신 분, 사회복지협의회에서도 자원봉사 파견이 끊겨 스스로의 힘으로 노력할 수밖에 없었던 이나와시로 병원으로 멀리서 찾아온 자원봉사자와 도쿄대학생 그룹…. 또 공동지원을 신청해 간호사 확보에 공헌해 준 의료지원단체의 AMDA 씨, 캔나스 씨…. 그리고 정보를 전달해 준 수많은 분들…. 그 신비한 인연이 또 인연을 불러서 그 후의 지원과 관계가 지금까지도 계속되고 있어요."

긴급 상황 시 소통의 어려움

///

동일본 대지진에서는 트위터 등에 의한 실시간 정보교환이 활발히 이루어졌다. 그런 한편으로는 헛소문의 확산이라는 부정적인 면도 없지 않았다. 그렇다면 정보를 올바르게 접하기 위해 우리는 어떻게 해야 할까?

트위터는 동일본 대지진의 최대 소통 도구

──── 동일본 대지진에서 압도적인 존재감을 발휘한 소통 도구 중 하나가 트위터다. 재해 피해를 입은 곳에 있는 사람도, 도쿄에 있는 사람도, 거의 흔들림을 느끼지 못한 서일본 사람들도 트위터를 통해 같은 공간을 공유했다.

2011년 3월 11일부터 오늘날까지 일본에서는 동일본 대지진에 관련된 트윗이 계속 트위터에 올라오고 있다. 지진과 해일이 발생한 직후에는 1초 동안 트윗이 5,000건을 넘은 적도 5번이나 있었다. 그 후에도 피해현장에 있는 지인의 안부 정보 등을 찾는 트윗이 끊이지 않아서 트윗 수는 평상시의 500%로 늘었다. [11]

나(하야시)의 개인적인 체험으로도 지진 직후 센다이시에 있는 친구의 트윗(딱 한 번이지만)으로 그의 안부를 확인할 수 있었다. 또, 지진 발생 당일에 같은 시내의 주요 장소를 자전거로 돌며 트위터로 실황하는 사람도 여러 명 있었다. TV와 라디오에서는 광역 뉴스밖에 보도하지 않아 지인이 있는 특정 지역이 어떤 상황인지 알 수 없었는데 트위터로 검색하면 그 지역의 상황을 가르쳐주는 트윗을 찾을 수 있었다.

지진 발생 후의 혼란기 속에서 트위터는 정부가 직접 정보발신을 하기 위한 도구로도 사용되었다. 지진 발생으로부터 24분 후인 15시 10분에는 소방청이 재해정보 타임라인이라는 트위터 어카운트로 재해 시 운용을 시작했다. 그 후 총리관저를 비롯한 많은 관청들도 트위터로 정보발신을 시작했다. 기존의 공식 페이지에서는 실시간 정보발신이 어려울 뿐만 아니라 폭주하는 접속에 견디지 못했다는 문제도 있었다.

유래 없는 재해 속에서 다른 이들을 위해 뭔가 하고 싶지만 피해현장으로 가는 것이 어려운 사람들 사이에서 트위터를 통해 피해현장에 도움이 되는 정보를 제공하려는 '정보 자원봉사' 활동도 많이 볼 수 있었다.

나도 지진 발생 당일에 내가 있던 시부야의 교통상황과 여진 등의 정보를 트위터에 올렸다. 또, 상황을 몰라서 당황해 할 외국인들을 위해 뉴스 등의 내용을 영어로 트윗했고, 피해현장에서 도움을 구하는 사람들의 트윗을 리트윗하여 정보지원을 했다.

가족의 안부를 확인하는 등의 이점을 경험한 피해현장의 사람은 가족과 친척, 친구에게 트위터를 권했다. 연예인과 회사 사장, 저널리스트 등 팔로우 수가 수만 명 이상인 유명인에게는 피해현장 사람들로부터 '··· 때문에 힘들다. 이 정보를 RT(리트윗) 해달라'는 멘션이 대량으로 보내졌다. 유명인 중에는 잠자는 시간을 아껴가며 리트윗을 계속한 사람도 적지 않았다.

이런 정보지원은 일정한 효과가 있었던 것 같다. 도호쿠 지방에서 지진·해일이 심한 지역에 가서 지진 발생 직후 어떤 IT 서비스를 사용했는지를 물으면 가장 먼저 나오는 대답이 트위터였다.

선의로 발신한 정보가 반대의 결과를 초래하는 경우도 있다

──────── 트위터상에서의 정보교환이 꼭 좋은 성과만 만들어낸 것은 아니다. 개중에는 좋은 뜻을 가진 트윗이 반대의 결과가 되어 원활한 정보유통을 방해한 경우도 많이 볼 수 있었다.

하나는 해시태그의 남용이다. 지진 발생 직후, 피해를 당한 현 별로 #Save_Fukushima, #Save_Miyagi 등의 해시태그가 트위터사 공인 해시태그로 사용되었다. 지진 발생 후 며칠 동안은 이들 해시태그를 통해 안부 정보와 영업 중인 편의점 정보, 식료품과 물, 기름을 어디서 얻을 수 있는지 같은 지역별 중요정보에 대해 소통이 이루어 졌다.

그러나 그로부터 얼마 지나지 않아 피해현장 밖에서 걱정하는 사람들이 발신한 '빗물로 식수를 만드는 방법', '골절 시의 대처방법' 같은, 경우에 따라서는 필요할지 모르지만 그 지역과는 관계없는 정보가 대량 투하되기 시작됐다.

이런 트윗은 대개 선의로 이루어졌지만 그로 인해 현지의 중요한 정보 교환이 밀려 내려가는 경우도 늘었다. 유용한 정보계 트윗의 대부분에는 '빗물로 식수를 만들 수 있습니다→http://www~~~ #save_fukushima #save_miyagi #save_iwate #save_akita #save_yamagata' 같은 식으로 특정한 곳의 현이 아니라 주요 피해현의 해시태그가 트윗에 담을 수 있는 한 열거되어 있는 경우가 많았다. 사실 이들 트윗은 애당초 특정 지역을 대상으로 하지 않아서 굳이 해시태그를 달 필요가 없었다. 그런데 단지 트윗을 발신하는 쪽에서 자신의 응원의 소리를 피해현장에 확실하게 전달하려고 한 나머지 해시태그를 달게 된 것이다. 그 결과, 현지에서 꼭 필요한 정보교환을 해야 할 장소에서 정보를 교환하기가 어려워져 버렸다.

두 번째 문제는 발신원을 알 수 없게 되어버린 것이다.

예를 들어, 3월 11일 17시 30분에 피해현장의 A씨가 '지금 ○○초(町)에 고립되었어요. 도와주세요' 하고 구조를 바라는 트윗을 올리고 이것을 도쿄에서 본 B씨가 다음날 3월 12일 14시에 '○○초에 고립된 사람이 있다고 합니다. 누가 도와주세요' 하는 트윗을 올렸다고 하자. 그로부터 10분 후 A씨는 '여러분 덕분에 무사히 구조되었습니다'라는 글을 올렸는데 B씨는 그 트윗을 미처 보지 못했다. 그 사이에 트위터상에는 B씨의 글을 보고 아직 ○○초에서 구조를 원하는 사람이 있다고 생각해 그 글을 점점 확산시킨다. 이렇게 해서 자칫 잘못하면 이미 구조 활동이 끝난 장소에 구조대가 출동해 헛걸음을 할 수도 있다.

원 트윗을 부분적으로 남겨 '이거 큰일이다' 혹은 '대단하다' 하는 코멘트를 더한 리트윗이라면 문제없을 거라고 생각할 수 있는데 거기에도 똑같은 문제가 있다. 첫 정보발신자가 어떤 글을 올렸는지 확인하지 않으면 오래된 정보와 잘못된 정보가 확산될 우려가 있다.

이런 경우는 트위터가 권하는 공식 리트윗이라는 기능을 사용해 정보를 전달하는 것이 바람직하다. 구조된 사람이 도움을 원하는 과거 트윗을 삭제하면 다른 사람의 손으로 확산된 리트윗 정보도 표시되지 않는다. 이후 트위터는 정보를 확산할 때 이 공식 리트윗을 사용하도록 권했다. 트위터 이용자들끼리도 가능한 한 공식 리트윗을 사용하도록 서로 조언했다.

이들 문제 이상으로 심각했던 것은 확산되는 대부분의 정보에 근거가 없거나 잘못된 것들, 흔히 말하는 유언비어의 유포였다.

유언비어가 발생하는 과정

─────── 유언비어는 지진 발생 직후부터 나오기 시작했다. 설마 그렇게 큰 지진은 아닐 거라고 생각한 사람이 장난치다 넘어진 컴퓨터에 깔린 사진을 트윗하자 그것을 사실로 알고 확산하는 사람이 적지 않았다.

가장 널리 퍼진 지진 발생 당일의 유언비어는 '유해물질의 비가 내린다'는 정보일 것이다. 지진 발생 직후, 센바(千葉)의 석유 콤비나트 (kombinat, 기술적 연관이 있는 여러 생산 부문이 근접 입지하여 형성된 기업의 지역적 결합체 −옮긴이)에 불길이 솟는 사고가 있었다. 그것을 보고 '폭발에 의해 유해물질이 구름에 부착하여 비와 함께 내린다. 근교에 사는 사람은 외출 시 우산이나 비옷을 지참하여 신체에 비가 닿지 않도록 할 것'이라는 글이 순식간에 나돌았다. 유언비어 피해를 당한 석유회사는 즉각 보도자료를 내고 소문을 부정했다.

정부 내에서도 총무성과 경제산업성이 트위터 등의 소셜 미디어로 잘못된 정보나 근거 없는 정보가 확산되지 않도록 대책을 의논하기 시작했다. 유언비어에도 여러 종류가 있다. 예를 들어 '컴퓨터에 깔렸다', '유해물질의 비가 내린다'라는 것처럼 정보가 잘못된 경우도 있고, 여러 사람이 리트윗과 트윗의 고쳐쓰기를 하는 전언(傳言) 게임 중에 정보가 변해버리는 경우도 있다.

예를 들어, 2011년 3월 14일(월), 도쿄의 공공 교통기관은 혼란이 계속되었기 때문에 나는 지하철을 타기 전에 트위터로 내가 탈 지하철의 정보를 검색해 보았다. 그러자 '역이 혼잡해 패닉 상태가 되어 모든 노선이 정지 중'이라는 트윗을 발견했다. '그렇구나' 하고 생각하면서 다시 검색해 보니 사실은 어딘가의 역에서 잠시 패닉 상태가 되어 지하철이 일시적으로 몇 분간 발차를 보류했을 뿐이었음을 알게 되었다. 그것이 리트윗과 '~라고 하더라'라고 전해들은 글을 통해 '패닉으로 지하철 운행 정지'로, 나가서는 '모든 노선이 운행정지'로 변화했고, 가장 충격적인 '패닉'과 '모든 노선 운행 정지' 부분이 하나로 합쳐진 트윗이 확산되었다.

이렇게 잘못된 정보 확산과 전언 게임을 피하기 위한 방법으로 가장 효과적인 것은 앞에서도 말한 공식 리트윗(자동 리트윗)이다. 공식 리트윗에서는 리트윗한 사람의 존재감은 흐려지지만 정보 발신자가 누구인지 명확하고, 또 언제 발신된 정보인지 알기 쉽다. 메시지를 변경하거나 추가할 수 없기 때문에 전언 게임으로 내용이 바뀔 염려도 없다.

또 하나의 회피 방법은 피해를 입은 사람이나 정보와 물자를 필요로 하는 사람, 정부기관자 등 당사자가 아닌 이들에게 들은 내용의 트윗에 대해서는 확인을 해보는 것이다. 트윗한 사용자 이외의 누군가가 어려움에 처했다면 그 근거를 보여 달라고 한다. 만일 어려움에 처한 당사자의 트윗이면 그 트윗을 공식 리트윗한다. 이것은 심각한 상황에서 특히 중요하다.

당사자가 직접 발신하는 정보라고 해도 그 내용이 심각하고 긴급성을 필요로 할수록 그 트윗이 언제 발신되었는지 그 후의 트윗에서 상황이 변하지 않았는지 등의 사항들을 확인할 필요가 있다.

정보의 신뢰성을 확인하는 것이 중요하다

──────── 정보의 신뢰성을 알아볼 때 가장 중요한 것은 원 정보의 출처를 확인하는 것이다. 지진 발생 직후, 정보 출처를 확인하기 위해 가장 유익했던 것은 구글이 제공했던 '구글 리얼타임(실시간) 검색'이라는 서비스다.

예를 들어, 위에서 언급했던 '지하철 운행 전면 중지' 정보의 출처에 대해 알아보고 싶으면 검색화면에 '지하철 운행 전면 중지'라고 입력해 검색한다. 그러면 트위터상의 최신 글의 검색결과가 한눈에 표시된다. 이 검색결과 화면은 실시간으로 갱신되어 화면을 보는 동안에 누군가 '지하철 운행 전면 중지'라는 글을 올리면 그것이 추가 표시된다.

흥미로운 것은 화면 오른쪽의 막대그래프로, 이 그래프는 가로축이 시간의 흐름, 세로축이 해당 트윗의 수를 나타낸다. 즉, 막대그래프가 가장 높은 곳을 클릭하면 그 화제가 가장 활발하게 확산했던 시점의 트윗을 표시할 수 있다. 또, 그래프를 왼쪽으로 스크롤하여 막대그래프가 나오기 시작한 곳에서 클릭하면 해당 키워드를 포함하는 가장 초기의 트윗, 즉 정보의 출처를 알 수 있다. 위에서 언급한 '지하철 운행 전면 중지' 소문의 진위와, 소문이 생겨나기까지의 과정 역시 나도 이 구글 리얼타임 검색을 사용해 알아보았다.

또, 구글 리얼타임 검색에서는 '―(마이너스)' 다음에 이어서 키워드를 입력하면 검색결과에서 해당 키워드가 들어간 트윗을 자동적으로 제외해 주었다. 이 기능은 각 피해 현의 사람들에게 그 지역의 정보교환을 독촉하는 데 도움이 되었다. 더 상세히 설명하자면, 구글 리얼타임 검색의 검색 키워드로 '#Save_Miyagi -#Save_Yamagata -#Save_fukushima -#Save_Akita -#Save_Aomori'라는 키워드를 지정하면 미야기현의 해시태그 '#Save_Miyagi'만 포함된 트윗을 추출해서 표시할 수 있다. 앞서 말했듯 여러 현의 해시태그를 넣어 트윗하는 사람이 많았는데 이처럼 구글 리얼타임 검색을 통해 검색 키워드를 조정한 후에 참조하면 자신이 있는 지역의 정보만 찾을 수 있다.

구글 리얼타임 검색은 정보의 진위를 확인하는 데 있어서도 대량의 트윗에서 정말 필요로 하는 정보만 추출하기 위한 서비스다. 이것은 매우 효과적이었고 많은 사람이 애용했는데 2011년 7월 4일에 갑자기 종료해 버렸다.

그 후, 5월 17일에 NTT 도코모, 6월 14일에는 야후 재팬이 트위터와 전략적 제휴를 발표했는데, 야후 재팬은 당일에 트위터 검색 서비스인 '야후 검색(리얼타임)' 제공을 시작했다. 초기 서비스에서 오래된 트윗은 '다음 페이지' 버튼을 눌러 1페이지 단위로 찾아야 했고 거슬러 올라갈 수 있는 트윗의 양도 한정되어 있었다. 그러나 2012년 6월 개정에서는 30일 전의 트윗까지 거슬러 올라갈 수 있게 된 것은 물론 꺾은선그래프를 사용해 검색 키워드에 대한 확산 양의 변화를 보고 트윗을 거슬러 올라갈 수 있게 되었다.

가장 좋은 유언비어 대책은
신뢰할 수 있는 발신지에 대한 정확한 정보

──────── 리얼타임 검색에 의한 정보의 신빙성 확인은 매우 편리하지만 IT 계열의 툴에 익숙한 사람이 아니면 자유롭게 사용할 수 없다. 지진 발생 직후에는 IT에 익숙하지 않아도 트위터를 시작하는 사람이 많았는데 이런 사람들에게 리얼타임 검색을 사용하게 하는 데는 무리가 있었다.

그렇다면 잘못된 정보에 현혹되지 않게 하려면 어떻게 해야 할까? 그것은 신뢰할 수 있는 정보원에서 나온 정보만 참고하는 것이다. 신뢰할 수 있는 정보의 발신지로 가장 먼저 들 수 있는 것이 정부기관, 지방자치단체, 그리고 현지의 라디오, 신문, TV 같은 지역 매스미디어의 트위터 계정이다.

관공서와 행정기관 등 주요 정보발신원의 인증작업도 트위터와의 사이에서 이루어지는데 인정을 받은 트위터 계정에는 파란색 체크 마크가 붙는다. 대부분의 트위터 계정은 그 계정이 정말 자신의 것인지 어떤지 알 수 없다. 그러나 인증을 받은 계정은 가짜가 아니라는 점을 트위터가 증명해 주기 때문에 정보의 신뢰성은 크게 높아진다. 또, 트위터 일본법인은 지진 관련의 중요발신자 21계정을 '리스트'라 불리는 '형식'으로 정리했다(earthquake리스트). 리스트에는 정부기관과 지방자치단체, NHK, 지역 매스미디어의 트위터 계정이 등록되어 있었다.

2012년 9월에는 트위터에 라이프라인 계정(성청⟨省庁, 한국의 정부 기관⟩과 공공서비스 등의 트위터 계정 – 옮긴이) 검색기능이 추가되었다. 이때, 우편번호를 입력하면 해당 지역에 관련된 라이프라인 계정을 일괄해서 검색 가능하다.

트위터상에 떠도는 정보의 신빙성을 판단하기 어려워도 긴급 시에는 신뢰할 수 있는 기관의 리스트를 팔로우해서 거기에 표시되어 있는 정보만을 참고하면 잘못된 정보에 현혹되거나 확산할 염려를 크게 줄일 수 있다.

오픈데이터가 만들어내는 가능성

//

　　동일본 대지진이 발생한 후 웹상에는 기사를 비롯해 트위터, 영상, 위치정보 등의 방대한 자료가 공개되었다. 이러한 자료를 다양한 분야의 연구자와 엔지니어가 활용한다면 앞으로 일어날 재해대책에 큰 도움이 될 것으로 기대된다.

　　재해 시의 자료를 공개해
　　새로운 서비스 개발과 연구에 활용하다

　　———　　사진과 동영상 등의 영상·음성, 블로그 기사나 트위터 등의 글, 피해 장소를 기록한 지도…. 이것들은 인간이 이용하는 것을 전제로 만들어지는데 컴퓨터로 처리하면 다른 의미를 갖는다. 예를 들어, 트위터의 트윗에는 140 문자까지의 텍스트, 화상 링크, 위치정

보 등이 포함되어 있다. 대량의 트윗을 한꺼번에 컴퓨터로 처리하면 어떤 키워드가 많이 사용되는지 어떤 장소에 있는 사람의 트윗이 많은지 등을 알 수 있다. '인터넷상의 방대한 자료를 다양한 조직들이 오픈하고 그것들을 처리해 가치 있는 의견을 얻는다…' 이것이 오픈 데이터의 사고방식이다.

2012년 7월, 센다이에서 '빅 텐트(Big Tent) 2012'라는 구글 주최 이벤트가 개최되었다. 이것은 자연재해에 대해 IT가 어떤 지원을 하는지를 보고하는 국제회의다. 빅 텐트에서 큰 주제가 되었던 것이 오픈 데이터로 정부뿐 아니라 여러 조직이 정보를 공유하기 위해 컴퓨터로 처리할 수 있는 오픈 데이터를 지향해야 한다고 한다.

오픈 데이터화가 이루어지면 어떤 변화가 생길까?

50건 이상의 프로젝트가 만들어진 '동일본 대지진 빅 데이터 워크숍'

———— 그 구체적인 가능성을 보여준 것이 2012년 9월 12일부터 10월 28일까지 개최된 '동일본 대지진 빅 데이터 워크숍'이다. 구글과 트위터가 공동주최한 이 워크숍은 동일본 대지진 발생으로부터 일주일 동안 실행된 여러 서비스에서 실제로 발생한 데이터를 참가자에게 제공하는 것으로 아사히 신문, 일본케이블케스트주식회사(JCC), 젠린데이터컴(ゼンリンデータコム, 종합 지도제작 업체인 젠린의 자회사. 디지털 지도 공급 ─옮긴이), NHK, 혼다기연공업(本田技研工業株式会社), 레스큐나

우(レスキューナウ, 재해 정보제공 서비스－옮긴이)가 파트너로 되어 있다. 워크숍 참가자는 데이터를 자유롭게 이용해 연구를 하고 서비스 개발에 이용할 수 있다. 제공 데이터는 '일주일치 아사히 신문기사', '구글 트렌드', 'TV 방송 텍스트 요약 데이터', '일주일치 트위터', 'NHK 종합 TV의 지진 발생 직후부터 방송음성 기고와 빈출 워드 랭킹', '인터내비 통행실적 맵 데이터', '철도운행정보', '혼잡통계 데이터'의 총 8가지다. 이 외에 관련 데이터로써, 웨더뉴스(WEATHERNEWS, 기상정보 회사)와 일본기상협회에 의한 기상 데이터도 제공되었다.

워크숍 기간은 한 달 반으로 짧았는데 이 기간에 50건이 넘는 프로젝트가 만들어졌다. 워크숍의 성과 중 하나가 슈토대학도쿄(首都大学東京) 와타나베 히데노리 준교수의 '동일본 대지진 매스미디어 커버리지 맵(보도가능지역 지도)'이다. 와타나베 교수는 그전에도 피해현장의 사진과 파노라마 영상, 웨더뉴스의 감재(減災, 재해로 인한 피해를 가능한 한 최소화하기 위한 대처－옮긴이) 리포트를 구글 어스에 표시한 '동일본 대지진 아카이브'와 역시 피폭 직후부터 현재에 이르는 나가사키(長崎)의 변천을 구글 어스 지도에 표시한 '나가사키 아카이브' 등의 작품을 발표했다. 이번 매스미디어 커버리지 맵은 NHK와 아사히신문, JCC의 보도내용으로부터 지명을 추출해 구글 어스상에 표시하고, 여기에 트위터의 트윗과 통행실적정보, 동일본 대지진 아카이브에 수록되어 있는 피해자 증언을 추가했다. TV 등에서 상황이 보도된 장소는 빨간색 점으로, 소셜미디어 등의 정보는 초록색 점으로 표시된다.

"매스미디어 커버리지 맵을 작성한 목적은 정보 공백지대를 가시화

하기 위해서입니다. TV에서는 보도되지 않았지만 피해가 컸던 지역
이 이것으로 조명받아 매스미디어와 소셜미디어가 보완적인 관계에
있다는 것을 알았습니다. 다음에 재해가 일어났을 때는 보도의 공백
지대를 만들지 않도록 전략을 세울 수 있죠." (와타나베 준교수)

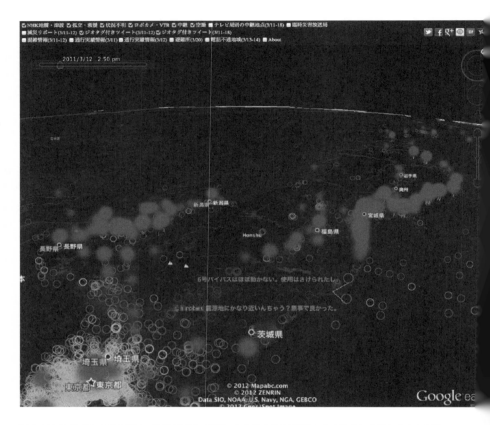

구글 어스상에 매스미디어의 보도와 트위터의 트윗을 지도에 표시한 '동일본 대지진 매스미디어 커버리지 맵'.

다양한 데이터를 연결함으로써 새로운 대책이 보인다

──────── 인터넷이 등장하기 전까지 정보의 흐름은 대체로 일방통행이었다. 기록된 정보는 여기저기에 편재되어 그것들을 연결해 조감적으로 파악하기는 어려웠다. 그러나 디지털로 기록된 정보는 한 곳에 머물지 않고 인터넷상을 쌍방향, 다방향으로 흐른다. 한 개인의 경험도 디지털화됨으로써 모두와 공유된다. 그래서 낯선 사람과 지역의 기억을 공유해 실시간으로 공감할 수 있게 되었다.

또, 기록이 컴퓨터로 처리하기 쉬운 형태로 공개되면 그것들을 조합해 지금까지 없던 정보를 얻을 수 있다. 그리고 그 정보도 곧바로 모두와 공유할 수 있다. 다양한 데이터를 조합해 분석하기 위해서는 전문적인 지식이 필요한데, 그렇다고 해서 모두 전문가가 될 필요는 없다. 중요한 것은 디지털화된 기록을 공유하면 새로운 가치가 생겨날 가능성이 있음을 우리가 이해하는 것이다. 예를 들어, 최신 스마트폰은 고성능 카메라와 GPS 기능을 갖고 있다. 위치정보를 기록하면 그 사진이 언제 어디서 촬영되었는지도 정확히 알 수 있다. 이들 사진을 대량으로 모아서 컴퓨터로 처리하면 재해 피해상황과 피난 루트를 분석하는 실마리가 된다.

그런 이해가 일반인에게 확산되면 결과적으로 정부와 기업의 정보공개가 활발히 이루어져서 보다 신속하고 유연한 재해 대응이 가능해질 것이다.

지진 재해의 교훈을 미래에 전한다

///

동일본 대지진을 극복한 우리는 피해를 당한 사람들의 체험을 헛되이 하지 않고 미래에 도움이 될 수 있도록 활용해야 할 사명을 가지고 있다. 재난을 당했을 때, 우리가 할 수 있는 일은 무엇일까?

평소에도 IT에 익숙해지자

———— 동일본 대지진은 인류 역사상 가장 많은 디지털 기록을 남긴 재해가 되었다. 사이트에 투고된 사진과 동영상, 트위터, 인공위성과 비행기에서 촬영된 사진, 360도 조망할 수 있는 스트리트뷰, 자동차 주행실적⋯.

우리는 이 방대한 데이터로부터 무엇을 배우고 어떻게 행동을 바꿔야 할까? 그 대답은 이 책만으로 결론지을 수 없다. 정부와 민간비영리단체 NPO·NGO, 기업, 가정 등 다양한 차원에서 논의가 계속되어야 한다.

마지막으로 이 책의 집필을 위한 취재를 통해 나(하야시) 자신이 배웠고, 여러분에게도 분명 도움이 될 교훈을 몇 가지 공유하려고 한다.

가장 절실히 깨달은 것은 '비상시에는 평소에 하던 것밖에 할 수 없다'는 것이다. 웹 서비스나 스마트폰에 익숙하지 않은 사람이 위급할 때 사용법을 처음부터 배워서 활용하는 것은 무리일 수밖에 없다.

일본에서는 지진 발생 후 스마트폰을 구입하고 소셜미디어에 등록하는 사람이 급증했는데 단순히 구입하고 등록하는 것만으로는 위기가 닥쳤을 때 제대로 활용할 수 없다. 가능한 한 새로운 기기나 서비스를 매일의 생활과 자신의 취미에 활용했으면 좋겠다. 자신이 거주하는 주변 지역의 지도나 항공사진을 표시해 본다, 지하철 지연정보를 조사해 본다, 소셜미디어와 검색 서비스를 사용해 친구나 좋아하는 유명인의 근황을 알아본다는 식으로 말이다. 그렇게 해서 익숙해지면 재해 시에도 정보를 얻기 쉽다. 또, 트위터나 페이스북, 구글+(플러스) 같은 소셜미디어를 사용해 자신의 목소리를 발신하는 것에 익숙해지는 것도 중요하다. 그렇게 하면 인터넷을 통해 주위 사람과 상담할 수 있어서 나름대로 응용할 수 있는 방법도 크게 늘어난다.

이미 일상적으로 스마트폰을 사용하는 사람은 한 단계 높은 수준의 사용법을 의식하면 좋을 것이다. 예를 들어, 검색 시에 키워드 앞에 '―(마이너스)'를 추가하면 그 키워드를 포함한 검색결과를 제거할 수 있다. '구글 재해'로 검색하면 퍼슨 파인더 관련 사례가 많이 표시되는데 퍼슨 파인더 이외의 사례를 찾는다면 '구글 재해 ─ Person ─ 퍼슨'으로 입력하면 목적하는 정보를 찾기 쉽다. 컴퓨터나 스마트폰을 사용해서 '불편하다'고 느끼면 그대로 방치하지 말고 좀 더 편리하게 해결할 방법은 없을지 탐구해 보자. 그렇게 하면 누구나 IT 스킬을 높일 수 있다.

조작 방법의 암기보다는 응용하는 힘이 중요하다

─────── 여기서 중요한 것은 스마트폰과 인터넷 서비스의 조작법을 통째로 암기하는 것이 아니다. 일단 조작하고 반응하면서 시행착오를 거치는 유연성이 필요하다.

지진발생 다음날인 3월 12일에는 인상적인 일이 있었다. 트위터상에서 인터넷을 통해 의료상담을 받겠다는 의사가 몇 명 나타났다. 그런 의사 중 한 명이 누군가의 권유로 'Togetter(투게터, 트위터 관련 부가 서비스. 관련된 트윗을 한 화면에 모아서 재확인할 수 있게 하는 서비스 ─옮긴이)'를 사용하기 시작했는데 아무래도 사용법을 알 수 없었다. 결국 의사들은 본래의 사용법과는 다르지만 페이지 내의 코멘트 칸을 사용해 소통할 수 있다는 것을 알고 코멘트 칸에 의사 일람표를 만들었다. 이 리스트는 지금도 '의료상담을 받을 수 있는 소아과 의사 리스트'로 검색하면 찾아볼 수 있다.

중요한 것은 목적을 달성하는 것이지 도구를 바르게 사용하는 것이 아니다. 긴급 상황에서는 멈춰서 생각하기보다 우선 거기에 있는 도구를 사용해서 행동하고 그 후 주위의 반응을 보면서 자기 나름의 사용법을 찾아가면 된다.

2005년 허리케인 '카트리나'가 뉴올리언스를 덮쳐 수많은 주택이 물에 잠겼을 때 구글은 구글 어스에 최신 항공사진을 제공했다. 이윽고 각각의 집이 있었던 장소에 핀을 세워서 핀의 코멘트 칸에 집주인에 대한 정보교환을 하는 방법이 자연스럽게 퍼져갔다.

동일본 대지진 때도 퍼슨 파인더의 변칙적인 사용법을 만들어낸 사람이 많았다. 자주 들은 것은, 학교 담임선생님 등 그룹의 중심인물에 대한 소식·정보를 사용해 그룹 멤버의 안부를 확인하는 방식이었다. 이렇게 하면 같은 그룹에 속한 사람들의 정보를 한꺼번에 알 수 있다.

물론 본래 가정되지 않은 방법으로 사용하면 다른 사람이 정보를 찾기 어려워질 수도 있다. 그러나 변칙적인 방법이라도 자기 나름대로 일관된 규칙을 만들면 IT 전문가가 이후에 한데 모아 정보를 가공하는 것도 가능하다.

자신이 잘하는 것에 초점을 맞추고 나머지는 다른 사람에게 맡긴다

─────── 앞에서 '유사시에는 평소에 하던 것만 할 수 있다'고 했는데 이것은 뒤집어 말하면 못하는 것에 도전하기보다 자신의 전문성을 살리는 것이 좋다는 의미다. '각 분야의 전문가가 직업상 갖고

있는 지식·기술과 경험을 살려 사회에 공헌하는 것'을 가리키는 '프로보노(Pro bono)'라는 말이 있는데 바로 이것을 의미한다.

나 자신은 트위터의 팔로워가 21만 명으로 비교적 많아서 어떤 정보를 발신하면 어떻게 정보가 확산되는지 포인트를 잘 알고 있다. 나는 그 기술을 활용해 유언비어가 퍼지지 않도록 트윗을 그대로 인용하지 않고 오리지널 트윗을 공식 리트윗하기를 권하는 블로그 기사를 썼다.

'인터넷으로 가능한 원격 자원봉사'에서 소개한 윌슨 나오미는 호주에 살면서도 트위터 등의 소셜미디어로 뜻이 맞는 사람을 찾아 자신의 의료비품 지식을 활용해서 자원봉사를 했다.

핀란드에 사는 일본인 주부, 풋라는 자신의 육아 경험을 통해 피해 현장에서는 핀란드에서 파는 상온에서 보존이 가능한 종이팩 우유가 도움이 될 거라고 생각했고 트위터에서 그 정보를 발신했다. 그리고 일본정부와 핀란드 항공의 협력을 얻어 4,000개의 종이팩 우유를 일본에 보냈다.

구글은 '세상의 모든 정보를 쉽게 접근하고 사용할 수 있도록 한다'는 명제를 미션(사명)으로 하고 있고, 신제품 발표회에서도 이 미션을 언급한다. 재해 대응팀의 활동은 그야말로 구글이 매일 하는 미션의 실천이었다.

그리고 동일본 대지진 직후에는 일본 내에 있는 사람들, 나아가 해외의 일본인과 일본에 연고가 없는 사람들까지 자신이 무엇을 할 수 있을까 진지하게 생각했다.

정부와 공공기관은 정보수집에만 전념해야 할까

———————— 지진이 발생했을 때는 정부 기관도 최선을 다해 정보를 수집하고 그것을 제공했다. 재해 발생으로부터 최초 72시간. 아직 구할 수 있는 생명이 있는 타이밍에서 중요한 것은 구조 활동에 도움이 되는 피해현장 항공사진의 제공인데, 이것도 국토지리원이 3월 12일부터 촬영을 시작했다. 안타까웠던 것은 촬영한 데이터를 공개하기까지 다소 시간이 걸렸고 공개한 정보도 일반인이 사용하기에는 불편했다. 국토지리원 페이지에 표시된 지도에서 특정 지역을 선택하면 거기에 해당하는 부분적 사진이 표시되도록 되어 있어서 촬영 지역의 경계선에 있는 장소를 보려면 여러 번 주변 지역을 클릭해서 찾아야 했다.

매피온은 국토지리원의 사진을 연결해 스크롤이 가능한 항공사진으로 공개했다. 한편, 지진 발생 직후부터 연락을 취했던 구글은 한시라도 빨리 항공사진을 공개한다는 관점에서 국토지리원과의 연락을 도중에 단념해 협력 체제가 이루어지지는 않았다.

비상시에 정부 관련의 특별기관에 중요한 권한이 주어지는 것은 당연하다. 그러나 이런 기관은 정보의 수집과 정밀도에 대해서는 프로지만 정보를 정리하고 제공하는 면에서도 프로라고는 할 수 없다.

국토지리원이 정보수집에 전념하고 그 정보를 민간에게 제공하는 구조가 만들어졌다면 이번처럼 안타까운 사태는 피할 수 있었을 것이다. 그리고 이것은 정부관련 기관에 대한 이야기만은 아니다. 지진 발생 직후에는 전력회사와 철도회사 등 공공성이 높은 조직이 발표를 할 때마다 사이트에 접속이 폭주하여 서버가 다운되는 일이 빈번하게 일어났다. 원래 공공기관에는 인터넷상의 정보발신 관련 전문가가 없는 경우가 많다.

그렇다면 '떡은 떡집에'라는 속담처럼 전문가에게 맡겨야 한다. 즉, 공공기관은 정보수집에 전념하고 일반인이 보기 쉽도록 데이터를 가공·제공하는 것은 '민간 IT 기업에 맡기는 것이 좋지 않을까'라는 생각이 취재를 하는 과정에서 더욱 굳어졌다. 특정 IT 기업에 의존하는 것이 불안하다면 API(운영 체계〈OS〉에서 응용 프로그램을 만들 수 있도록 제공하는 소프트웨어)를 공개하는 형식으로 여러 기업에 맡기면 된다. 이렇게 하면 서비스를 만드는 측의 경쟁을 통해서 보다 좋은 서비스가 생겨날 가능성이 높다(그러나 일반인으로부터 정보를 모집하는 서비스의 경우, 경쟁이 많으면 정보가 분산 혹은 단편화할 가능성이 있다. 창구는 복수〈複數〉여도 정보를 집약하는 데이터베이스는 하나로 하도록 서비스 사이에서 조정을 해야 한다).

이런 시스템 만들기는 재해가 발생한 후 시작하면 늦다. 이것도 '평소부터 익숙해지는 것이 중요하다'는 교훈대로 평상시부터 협력제체를 갖추는 것이 바람직하다. 이미 구체적으로 움직이기 시작한 기업 간 협력의 한 예로 '구글 재해 시 라이프라인 맵'*12를 들 수 있다. 이 서비스에는 KDDI·오키나와 셀룰러(沖繩セルラ— KDDI의 자회사, 오키나와 지역에서 휴대전화 사업을 하는 지역 기업—옮긴이), 도쿄가스, 혼다 등이 참가했는데 재해 시 통화 가능한 지역과 가스 이용가능 지역, 주행실적 데이터 등 라이프라인 정보를 제공한다.

이해관계에 따라 파트너십에 소극적인 기업도 있지만 기업의 사회적 책임이라는 관점에서도 재해 대응은 중요하다. 다음에 대지진이 발생했을 때 사람들의 생명에 관한 정보를 제대로 제공하지 못하는 기업은 신뢰를 잃게 된다. 만일 구글에 대한 의존이 무섭다면 다른 기업과도 점점 파트너십을 맺으면 된다.

하나의 매스미디어가 모든 사람을 구할 수는 없다

────── 동일본 대지진의 피해현장을 취재하면서 '하나의 매스미디어가 모든 사람에게 목소리를 전달할 수는 없다'는 것을 깨달았다. 지진 발생 직후, 라디오가 정보의 생명줄이었던 사람들은 라디오만 듣고 있었다(게다가 라디오도 들을 수 있는 것은 채널 하나뿐이었다). 전기가 복구된 대피소와 자택에서 TV 화면에 시선을 고정했던 사람들에게는 TV가, 그리고 인터넷을 사용할 수 있는 상태에 있었던 사람도 트위터나 페이스북, 구글+ 등 자신이 평소 익숙한 서비스만 사용했다. 소셜미디어에 표시되는 정보는 누구와 친구를 맺었느냐에 따라서 완전히 달라진다. 규슈 지역이나 해외의 친구밖에 없는 사람은 일찌감치 지진에 대한 화제로부터 해방되었고, 도호쿠 지방의 사람들만 팔로우하는 사람은 지금도 매일 같이 일상에 남아 있는, 재해가 할퀴고 간 자국을 느끼고 있을 것이다.

중요한 것은, 하나의 매스미디어로 정보를 발신하는 것이 아니라 다양한 매스미디어와 연계해 정보를 발신해야 한다는 것이다. 피해현장 라디오국의 대부분은 사망자의 정보를 반복해서 보도했는데, 라디오는 잠깐 놓치고 듣지 못하면 다음에 그 정보를 얻을 수 있을 때까지 오래 기다려야만 한다. 그래서 라디오국은 라디오로 방송한 것과 똑같은 정보를 트위터 공식 사이트로도 발신하기 시작했고 라디오 프로그램 중에도 그 사실을 소개하게 되었다(이런 것들이 지진 발생 후의 스마트폰 보급으로 이어졌을 것이다).

TV도 마찬가지다. 방송계 매스미디어는 실시간으로 많은 정보를 전달하는 데 강점을 갖고 있지만 정보의 일람성과 검색의 용이성은 인터넷을 능가할 수 없다. 반면에 인터넷에는 정보가 너무 많아서 어디를 봐야 할지 알 수 없다는 단점도 있다. 또, 정보검색 방법과 서비스 사용방법을 몰라 이용하지 못하는 사람도 있을 것이다.

그렇다면 TV에서 인터넷 서비스의 간단한 사용법을 설명하는 방법도 있다. 재해 시에는 모든 것을 방송으로 전달할 것이 아니라 인터넷 서비스를 몇 가지 소개하고 사용법과 보는 방법을 알려주는 것이 보다 폭넓은 정보를 전달할 수 있고 동시에 전파를 효과적으로 활용할 수 있게 할지 모른다.

2011년 동일본 대지진 발생 후 스마트폰이 급속히 보급되었고 인터넷을 이용한 선거운동도 가능한(인터넷을 이용한 선거운동은 2013년 5월 26일부터 가능해졌다 ─ 옮긴이) 오늘날의 일본이라면 이런 매스미디어 연계는 의의가 있지 않을까.

이 책을 계기로 IT를 사용한 방재에 대해 모두 같이 생각하고, 나아가서는 세계의 다른 나라들에 좋은 표본이 될 수 있기를 바란다.

*7 참고: 총무성 〈도호쿠지방 태평양해역 지진에서의 통신 복구상황(東北地方太平洋沖地震における通信の復旧状況)〉 http://www.cao.go.jp/shien/2-shien/2-infra/7-tel.pdf

*8 http://www9.nhk.or.jp/kabun-blog/300/83973.html

*9 http://www.simulradio.jp/

*10 http://www.meti.go.jp/press/20100531005/20100531005-3.pdf

*11 참고: Twitter 공식 블로그 〈동일본 대지진에서의 지구규모의 정보의 흐름(東日本大地震における地球規模の情報の流れ)〉 http://blog.jp.twitter.com/2011/06/blog-post_30.html

*12 참가를 희망하는 조직은 〈Crisis Response 파트너 문의 폼(Crisis Responseパートナーお問い合わせフォーム)〉 (https://services.google.com/fb/forms/partnercrisisresponsejp/)에서 신청할 수 있다.

동일본 대지진에
세계 최강 IT 기업은 어떻게 대응했나

구글의
72시간

초판 1쇄 발행 2018년 1월 30일

지은이   하야시 노부유키 · 야마지 다쓰야
옮긴이   홍성민
외부 기획 홍성민

펴낸이   김현숙 김현정
펴낸곳   공명
출판등록   2011년 10월 4일 제25100-2012-000039호
주소   121- 904 서울시 마포구 월드컵북로 400. 문화콘텐츠센터 5층 7호.
전화   02-3153-1378 | 팩스 02-3153-1377
이메일   gongmyoung@hanmail.net
블로그   http://blog.naver.com/gongmyoung1
ISBN 978-89-97870-27-1   03320

이 도서의 국립중앙도서관 출판시도서목록(CIP)은 서지정보유통지원시스템
홈페이지(http://seoji.nl.go.kr)와 국가자료공동목록시스템(http://www.nl.go.kr/kolisnet)에서
이용하실 수 있습니다. (CIP제어번호: 2018001190)